HARRAP'S

Parler l'anglais en voyage

Lola Busuttil
Anna Stevenson

HARRAP

© Éditions Larousse, 2018
21, rue du Montparnasse
75283 Paris Cedex 06

HARRAP's® est une marque de Larousse SAS.
www.harrap.com

ISBN 978-2-81-870605-3

Direction du département Dictionnaires et Encyclopédies :
Carine Girac-Marinier

Direction éditoriale : Claude Nimmo

Suivi éditorial : Beata Assaf

Informatique éditoriale : Dalila Abdelkader, Marie-Noëlle Tilliette

Conception graphique : Sophie Rivoire

Mise en page : Les PAOistes

Fabrication : Rebecca Dubois

Remerciements : Stephanie Carey

Édition précédente

Direction éditoriale : Anna Stevenson

TABLE DES MATIÈRES

Table des matières

Table des matières

Liste des planches

Abréviations utilisées dans ce guide

adj	adjectif
adv	adverbe
f	féminin
fpl	féminin pluriel
inv	invariable
m	masculin
mf	masculin et féminin
mpl	masculin pluriel
n	nom
pl	pluriel
sing	singulier
v	verbe

PRONONCIATION

a *eï*	**h** *eïtch*	**o** *ô*	**v** *vi*
b *bi*	**i** *aï*	**p** *pi*	**w** *dabeuliou*
c *si*	**j** *djeï*	**q** *kiou*	**x** *èxe*
d *di*	**k** *keï*	**r** *âre*	**y** *waï*
e *i*	**l** *èle*	**s** *èsse*	**z** (*Br*) *zède*, (*Am*) *zi*
f *èfe*	**m** *ème*	**t** *ti*	
g *dji*	**n** *ène*	**u** *you*	

PRONONCIATION ET INTONATION

Pour chaque phrase donnée en anglais dans ce guide, vous trouverez sa prononciation indiquée en italique. En lisant simplement cette transcription phonétique, vous pourrez vous faire comprendre par un anglophone.

Veillez à accentuer les voyelles et syllabes qui apparaissent en caractères gras : l'intonation est primordiale en anglais ! Et n'hésitez pas à demander aux anglophones qu'ils vous répètent les sons que vous avez du mal à prononcer.

Certains sons anglais n'existant pas en français, nous avons utilisé des codes pour les retranscrire :

H h aspiré. Ex : **hello** *Héllôw*

TH c'est le fameux "th" anglais, son proche à la fois du /f/, du /v/ et du /z/ français. Placez le bout de la langue entre les dents du haut et celles du bas et essayez de prononcer un /f/. Ex : **thanks** *THènxe*

Z son proche à la fois du /z/ et du /v/ français (un peu comme quand on zozote). Placez le bout de la langue contre les dents du haut et essayez de prononcer un /v/. Ex : **the** *Ze*

Attention, le **r** anglais est beaucoup moins prononcé qu'en français, jusqu'à se confondre avec un /w/ voire ne pas s'entendre du tout : pour le prononcer, placez le bout de la langue au milieu du palais. Ex : **really** *rili*

INTRODUCTION

Cette toute nouvelle édition du guide de conversation franco-anglais Harrap est destinée à tous ceux qui souhaitent communiquer avec les habitants lors de leur séjour à l'étranger. Claire, allant à l'essentiel, elle vous aidera à faire les premiers pas pour dépasser la barrière de la langue et entrer en contact avec les gens du pays.

Dans chacune des rubriques, ce guide vous propose une liste de mots utiles ainsi qu'une série de phrases et d'expressions courantes : vous entendrez ou vous lirez certaines d'entre elles, d'autres vous permettront de vous exprimer. Vous vous ferez alors comprendre sans effort grâce à une transcription phonétique très simple, spécialement adaptée à l'utilisateur français.

Avec les quelque 5000 mots du mini-dictionnaire bilingue, les plus curieux pourront compléter ou décliner ces structures élémentaires afin de nouer une conversation.

Des indications sur la culture et les pratiques locales, quelques informations utiles sont là pour vous faire gagner du temps. Réservez vos vacances aux loisirs et à la découverte ! Vous trouverez dans ce guide un lexique gastronomique qui vous aidera à découvrir la cuisine du pays et les principaux plats régionaux.

En plus, nous vous offrons un fichier MP3 à télécharger sur notre site www.harrap.com, avec la prononciation des mots et expressions indispensables pour votre voyage. Copiez-le sur votre lecteur MP3 ou sur un CD avant de partir et vous n'aurez plus à chercher vos mots !

Maintenant, à vous de jouer !

LA LANGUE ANGLAISE

Un peu d'histoire

L'anglais est né d'un dialecte anglo-saxon enrichi de termes issus du latin, du vieux norrois (langue germanique à l'origine des langues scandinaves) et de l'anglo-normand. Sous l'Empire britannique, la langue anglaise a également adopté des mots venus d'Inde, d'Afrique du Sud et d'Amérique du Nord. Aujourd'hui, le vocabulaire anglais compte plus d'un million de mots avec des emprunts à plus de 50 langues.

Où parle-t-on l'anglais déjà ?

C'est bien sûr aux États-Unis que l'on parle le plus l'anglais (260 millions de personnes), puis viennent le Royaume-Uni (60 millions), le Canada (20 millions), l'Australie (15 millions), la Nouvelle-Zélande (3,9 millions), l'Irlande (3,7 millions) et l'Afrique du Sud (3,6 millions). Mais l'anglais est souvent aussi la seconde langue officielle de très nombreux États, comme c'est le cas du Zimbabwe (12 millions), de la Jamaïque (2,6 millions) ou encore de Hongkong (6 millions).

L'influence de l'anglais dans le monde…

L'anglais, vous le constatez tous les jours, est une langue utilisée dans des tas de domaines, particulièrement dans le sport, l'informatique, Les télécommunications, l'économie et les échanges internationaux. La plupart des travaux scientifiques et technologiques dans le monde sont même publiés en anglais ! On peut dire que c'est la principale langue de référence et d'échange sur la planète.

… et sur le français !

C'est un peu l'histoire du village gaulois qui tente de résister encore et toujours à « l'envahisseur » anglo-saxon. Avec plus ou moins de bonheur, d'ailleurs... Il y a bien quelques tentatives pour remplacer des anglicismes introduits dans l'usage courant ou dans les langues technique et scientifique : ***progiciel*** et **software**, ainsi que ***baladeur*** et **walkman** cohabitent plutôt en bonne intelligence. Mais utilisez-vous vraiment le mot ***bouteurs*** pour parler des **bulldozers** sur les chantiers et achetez-vous vos meubles en ***prêtà-monter*** **(kit)** ? Enfin, certains mots sont totalement passés dans le langage courant : faire son **jogging** le matin, travailler pour une **start-up**, passer un **casting**… Sans parler des mots anglais introduits au beau milieu des phrases de français, style ***c'était hyper*** **hard** ou ***ça va faire vraiment*** **just** ***!***

Mais l'inverse est vrai aussi

On le sait moins : comme l'anglais s'est enrichi sous l'influence du latin et des langues romanes, il n'est pas si rare de trouver certains mots et expressions tirés du français que l'anglais a fini par digérer. Cela dit, il faut se méfier des glissements de sens d'une langue à l'autre. Par exemple, **a rendez-vous**, en anglais, est uniquement galant et amoureux (voire un peu vieillot). Il est donc hors de question, sauf en cas de coup de foudre, d'espérer en obtenir un de votre dentiste ! On dira plutôt **you'll make an appointment** (***vous prendrez rendez-vous***).

Il y a aussi des mots d'origine française qui se promènent en tenue camouflée : par exemple, **an apron** (qui signifie un tablier de cuisine) vient de « ***un napperon*** » français.

D'autres mots courants, tels **introduction, village,** ont été empruntés au français mais ils existent dans la langue anglaise depuis si longtemps que les anglophones ne les considèrent plus comme des mots français. Ah, les ingrats !

Allez, passons l'éponge car il existe aussi une double appellation, à la fois anglo-saxonne et d'origine française. Par exemple le boeuf (vivant) est un **ox**, alors qu'à l'étal du boucher vous demanderez du **beef** ; de même que le ***veau*** vivant **calf** se mange en **veal** et le ***mouton*** **sheep** en **mutton**.

Eh oui, paradoxalement, l'anglais est une excellente introduction à l'ancien français. Par exemple, le verbe **to mince,** « couper fin », vient du vieux français ***mincier,*** « ***émincer, couper en petits morceaux*** ». Les étudiants anglais ont même plus de facilité à comprendre l'ancien français que les étudiants français eux-mêmes !

Faux amis

Il faut le reconnaître, il y a toujours eu quelques malentendus entre nous… Et la langue n'y a pas échappé. Ainsi, au Moyen Âge, de nombreux mots empruntés à l'ancien français ont développé en anglais un sens nouveau que le français, du coup, ignore superbement. Les ***faux amis*** sont des mots dont la forme est proche ou identique dans les deux langues mais dont le sens est toujours différent. Cela peut donner lieu à des quiproquos cocasses !

Ainsi, le mot **car** (« ***voiture*** » en anglais) est un ***autocar*** en français (**coach** en anglais).

Quelqu'un de **genial** sera affable et doux en anglais et non ***génial*** (**brilliant, great** en anglais).

Un homme impotent en français est physiquement handicapé (**disabled** ou **crippled** en anglais). **An impotent man** est ***impuissant***, au propre ou au figuré…

Le classique **library** n'est pas ***une librairie*** (**bookshop, bookstore**) mais bien ***une bibliothèque***. **A nurse** est ***une infirmière***, non ***une nounou***. **A patron** est ***un client***, non ***un patron*** ; **a prune**, ***un pruneau*** non ***une prune*** (**plum**) ; **a surname**, ***un nom de famille***, non ***un surnom*** (**nickname**) ; **a placard**, ***une grande affiche*** ; **a coin**, ***une pièce de monnaie***, etc.

Vrais amis

Malgré ces quelques épines, ne craignez tout de même pas d'embrasser la langue anglaise (c'est une image). Les mots identiques en français et en anglais, à la fois par leur forme graphique et leur signification, sont nombreux. Vous pouvez, dans une langue comme dans l'autre, arborer un **cardigan** ou un **tutu**, manger du **caviar** ou une **omelette**, vous reposer sur un **sofa** ou dans un **patio**, danser le **tango**, la **rumba** ou la **polka**, jouer au **golf** et faire du **ski**, humer le doux parfum d'un **iris** ou d'un **magnolia**, mesurer en **volt** et en **watt**, avoir mal au **coccyx** ou au **sternum**, trinquer au **whisky**, souffrir d'une **intoxication** ou de **migraines**, ou encore adopter un **python** ou un **piranha**.

Dialectes, argots et accents

Comme dans n'importe quel pays, il n'y a pas ***une*** langue anglaise parlée uniformément dans toute la Grande-Bretagne. Certains dialectes régionaux possèdent des particularités lexicales et de prononciation, par exemple la langue anglaise d'Irlande ou le dialecte écossais des Lowlands. L'anglais parlé en Angleterre varie aussi beaucoup d'une région à l'autre. La prononciation dans le nord du pays, les Midlands, l'East Anglia, le sud-ouest ou le sud-est n'est vraiment pas la même, sachez-le.

Le **Standard English** s'appuie sur un type de langue parlée cultivé dans les bonnes écoles, particulièrement dans les prestigieuses universités d'Oxford et de Cambridge. Les Anglais parlant des dialectes régionaux maîtrisent donc cette langue et sa prononciation standard (le **BBC English**, **Queen's English** ou **RP**: **registered pronunciation**) à l'école et à l'université. C'est celle-ci qui est largement diffusée par les médias, même si on est moins rigoureux à ce sujet aujourd'hui qu'il y a quelques années.

L'âge des personnes, leur milieu social entrent aussi en ligne de compte : les **Cockneys**, habitants de la banlieue est de Londres, ont leur argot, et puis, signalons qu'environ 3 % de la population britannique est d'origine sud-asiatique et parle donc une autre langue en plus de l'anglais (gujarâtî, bengali, ourdou, punjabi).

À Londres, il existe des communautés originaires de presque tous les coins du monde !

L'anglais d'outre-mer

Mentionnons bien sûr l'anglais parlé en Australie (certains mots particuliers sont issus de dialectes régionaux anglais ou empruntés à des termes indigènes australiens) et l'anglais américain (avec la colonisation de l'Amérique du Nord, l'anglais a connu un développement considérable). C'est la prononciation et le lexique qui différencient principalement l'anglais britannique de l'anglais américain.

Le **pidgin English** est un anglais entré dans certaines langues simplifiées qui se sont développées parmi des populations non anglophones. Celui qui est parlé dans les îles mélanésiennes, la Nouvelle-Guinée, certaines régions d'Australie, les Philippines et Hawaï, ainsi que sur les côtes asiatiques de l'océan Pacifique, s'est développé comm moyen de communication entre commerçants chinois et anglais. L'emploi de formes de **pidgin English** est en expansion en Afrique (Cameroun, Sierra Leone, Afrique Orientale).

Un peu de stress pour finir : tonique, l'accent !

Les Français ont souvent l'impression que les Anglais n'articulent pas. C'est parce que « l'accent de mot » (ou accent tonique ou **stress**) est totalement étranger aux francophones : en français, il n'existe pas. En anglais, il est très important. Il peut totalement changer la prononciation d'un mot. Si vous ne le placez pas au bon endroit, on ne vous comprendra sans doute pas, ou vous allez peut-être changer le sens de la phrase et aboutir à un drôle de résultat. Prenez le mot **record** par exemple : si vous accentuez la deuxième syllabe (**cord**), c'est le verbe « enregistrer ». Accentuez la première syllabe (**re**), c'est d'un disque qu'il s'agit. D'où la nécessité absolue d'apprendre à placer l'accent tonique.

Évidemment, on peut s'amuser à mémoriser certaines expressions anglaises en les rapprochant du français. Gageons alors que la prononciation anglaise sera, heu, spéciale…

Are you ready? (***êtes-vous prêt*** ?) : ail ou radis ? ; **more money** (***plus d'argent***) : mords mon nez ; **congratulations !** (***félicitations*** !) : qu'on gratte tous les jeunes ! ; **let's sleep together** (***dormons ensemble***) : les slips tout gais serrent…

Partez maintenant sans inquiétude : sachez que les Anglais ont plaisir à entendre parler anglais avec l'accent français.

GRAMMAIRE

Les **articles indéfinis** "un" et "une" se traduisent tous deux par a :
un bar a bar, une banque a bank

Devant un son-voyelle, a devient an :
une pomme an apple, une heure an hour

La forme plurielle "des" ne se traduit pas (Ø) :
des restaurants Ø restaurants

Les **articles définis** "le", "la", "l'" et "les" se traduisent tous par the :
la plage the beach, le train the train
l'heure the time, les musées the museums

Mais ils ne se traduisent pas (Ø) devant la plupart des noms de pays et de notions :
la France Ø France, l'argent Ø money

Les **noms** sont neutres en anglais.

Comme en français, on forme le **pluriel des noms** en ajoutant un **-s** final (qui se prononce en anglais) :
garden → gardens (jardins)

Pour les noms se terminant par "consonne + -y", le -y devient **-ies** au pluriel :
city → cities (villes)

Les noms se terminant par -ch, -o, -s, -sh, -x ou -z ont un pluriel en **-es** :
peach → peaches (pêches), potato → potatoes (pommes de terre)

Quelques rares noms ont un pluriel irrégulier :
man → **men** (hommes), woman → **women** (femmes)
foot → **feet** (pieds), tooth → **teeth** (dents)
child → **children** (enfants)

Les **adjectifs qualificatifs** sont invariables.

Ils se placent toujours devant le nom :
a lovely village un village charmant
good restaurants de bons restaurants

La forme du **comparatif** et du **superlatif** de supériorité dépend de la longueur de l'adjectif.

Avec un adjectif long, le fonctionnement est le même qu'en français :
less expensive than moins cher que
more difficult than plus difficile que
the least expensive le moins cher
the most difficult le plus difficile
as difficult as aussi difficile que

Pour former le comparatif de supériorité d'un adjectif court, on accole **-er** à la fin de l'adjectif :
stronger than plus fort que

Pour former son superlatif, on accole **-est** :
the strongest le plus fort

Le fonctionnement pour le comparatif et le superlatif d'infériorité est le même qu'en français :
less strong than moins fort que
the least strong le moins fort

Quand l'adjectif se termine en -y (par exemple, easy), le comparatif est en **-ier** et le superlatif en **-iest** :
it's easier this way c'est plus facile de cette façon
it's the easiest way c'est la façon la plus facile

Quand l'adjectif se termine par "voyelle + consonne" (par exemple, big), le comparatif et le superlatif se forment en doublant la consonne finale :
it's much bigger than that c'est beaucoup plus grand que ça
it's the biggest in the world c'est le plus grand du monde

Les adjectifs good et bad ont un comparatif et un superlatif irréguliers :
good → better, best
bad → worse, worst

Adjectifs possessifs

mon, ma, mes	my
ton, ta, tes	your
son, sa, ses	his **(possesseur masculin)**
son, sa, ses	her **(possesseur féminin)**

son, sa, ses	its **(possesseur neutre)**
notre	our
votre	your
leur, leurs	their

En anglais, c'est le possesseur et non ce qui est possédé qui détermine la forme choisie : "son", "sa" et "ses" peuvent tous trois se traduire par his si le possesseur est masculin, her s'il est féminin ou its si c'est un animal ou une chose :

Philippe and ***his*** girlfriend Philippe et sa copine

Ann and ***her*** brother Ann et son frère

the ***town*** and ***its*** cathedral la ville et sa cathédrale

Il existe en anglais un cas possessif, appelé **génitif**. Il est signalé par un **'s** accolé après le nom :

Philippe's girlfriend la copine de Philippe
Ann's brother le frère de Ann

Lorsque le nom se termine déjà par un -s, le génitif se réduit à une apostrophe (') :

my friends' favourite place l'endroit préféré de mes amis

Pronoms personnels

Sujets	Objets directs/indirects		
je	I **(toujours majuscule)**	**me**	me
tu	you	**te**	you
il	he **(homme)**, it **(neutre)**	**le/lui**	him **(homme)**, it **(neutre)**
elle	she **(femme)**, it **(neutre)**	**la/lui**	her **(femme)**, it **(neutre)**
nous	we	**nous**	us
vous	you	**vous**	you
ils, elles	they	**les/leur**	them

La forme neutre **it** est employée pour désigner une chose, un animal ou une notion.

You désigne à la fois "tu" et "vous" (pas de distinction en anglais) :

je ne la comprends pas bien I don't understand her very well
ils ont été très gentils avec nous they were very nice to us
vous devriez le visiter you should visit it

Dans le sens de "nous", "on" se traduit simplement par **we** :

on est allés à la plage we went to the beach

Pronoms possessifs

le mien/la mienne/les miens/miennes	mine
le tien/la tienne/les tiens/tiennes	yours
le sien/la sienne/les siens/siennes	his **(possesseur masculin)**
le sien/la sienne/les siens/siennes	her **(possesseur féminin)**
le sien/la sienne/les siens/siennes	its **(possesseur neutre)**
le/la nôtre/les nôtres	ours
le/la vôtre/les vôtres	yours
le/la leur/les leurs	theirs

Le **présent** des verbes anglais est très simple à former.

Dans les phrases affirmatives, on emploie la même forme du verbe à toutes les personnes, sauf à la 3e personne du singulier où l'on ajoute un **-s** final (qui se prononce) :

I/you/... like it j'aime/tu aimes/... bien ça
he/she likes her il/elle l'aime bien

Pour les verbes finissant par "consonne + -y", le -y devient **-ies** à la 3e personne du singulier :

to carry → he carries

Pour les verbes finissant par -s, -x, -z, -ch ou -sh, il faut ajouter **-es** à la 3e personne du singulier :

to go → she goes to push → he pushes

On emploie l'auxiliaire **do** dans les phrases interrogatives (**do** à toutes les personnes, sauf à la 3e du singulier : **does**) et négatives (**don't** à toutes les personnes, sauf à la 3e du singulier : **doesn't**), suivi du verbe :

do you smoke? est-ce que tu fumes ?
does she smoke? est-ce qu'elle fume ?
I don't smoke je ne fume pas
she doesn't smoke elle ne fume pas

Le verbe **to have** (avoir) a la forme **have** à toutes les personnes sauf à la 3e du singulier (**has**).

Il existe des formes contractées : **'ve** pour have ; **'s** pour has.

Formes négatives contractées : have + not = **haven't** ; has + not = **hasn't**

Le verbe **to be** (être) connaît trois formes (**am**, **are**, **is**) :

I am, you are, he/she/it is, we are, you are, they are

On emploie souvent des formes contractées, surtout à l'oral :

I'm, you're, he's/she's/it's, we're, you're, they're

Formes négatives contractées : **is + not = isn't** ; **are + not = aren't**

Le **présent progressif** s'emploie pour parler de ce qui se passe en ce moment même, d'une évolution ou d'un futur proche.

Il est formé de l'auxiliaire to be au présent (**am**, **are**, **is**) suivi du verbe avec la terminaison **-ing** :

it's raining il pleut
I'm leaving tomorrow je pars demain

Le **prétérit** s'emploie pour une action passée et terminée.

Il existe une seule forme pour toutes les personnes, formée du verbe suivi de la terminaison **-ed** (ou **-d** si le verbe se termine par une voyelle) :

to ask → I/you/he/… asked j'ai/tu as/il a/… demandé
to like → I/you/he/… liked it j'ai/tu as/il a/… bien aimé ça

On emploie à toutes les personnes l'auxiliaire to do au prétérit dans les phrases interrogatives (**did**) et négatives (**didn't**), suivi du verbe :
did she like it? est-ce qu'elle a aimé ?
she didn't like it elle n'a pas aimé ça

Certains verbes ont un prétérit irrégulier : voir p. 183

On emploie le **present perfect** pour une action passée qui continue ou a une incidence sur le présent.

Il est formé de l'auxiliaire to have au présent (**have** et **has** ; **haven't** et **hasn't** à la forme négative) suivi du participe passé du verbe. Le participe passé a la même forme que le prétérit :
I have almost finished j'ai presque terminé
it has been cancelled ça a été annulé
he hasn't arrived yet il n'est pas encore arrivé

Certains verbes ont un participe passé irrégulier : voir p. 183

Il existe une seule forme du **futur simple** pour toutes les personnes.

Dans les phrases affirmatives et interrogatives, on emploie l'auxiliaire will suivi du verbe.
will you come back? est-ce que tu reviendras ?

Will est très souvent abrégé en **'ll** à la forme affirmative :
I'll try (= I will try) j'essaierai
she'll be (= she will be) late elle sera en retard

Dans les phrases négatives, on emploie **won't** (forme abrégée de will not) suivi du verbe :
they won't be there any more ils ne seront plus là

Grammaire

Comme dans toutes les langues, vous ne pourrez pas échapper aux **verbes irréguliers** : ce sont tout simplement les plus utilisés !

Infinitif	Prétérit	Participe passé
be **(être)**	was, were	been
beat **(battre)**	beat	beaten
become **(devenir)**	became	become
begin **(commencer)**	began	begun
bite **(mordre, piquer)**	bit	bitten
break **(casser)**	broke	broken
bring **(apporter)**	brought	brought
build **(construire)**	built	built
buy **(acheter)**	bought	bought
catch **(attraper)**	caught	caught
choose **(choisir)**	chose	chosen
come **(venir)**	came	come
cost **(coûter)**	cost	cost
cut **(couper)**	cut	cut
do **(faire)**	did	done
drink **(boire)**	drank	drunk
drive **(conduire)**	drove	driven
eat **(manger)**	ate	eaten
fall **(tomber)**	fell	fallen
feel **(sentir)**	felt	felt
find **(trouver)**	found	found
fly **(voler)**	flew	flown
forbid **(interdire)**	forbade	forbidden
forget **(oublier)**	forgot	forgotten
get **(obtenir)**	got	*(Br)* got, *(Am)* gotten
give **(donner)**	gave	given
go **(aller)**	went	gone
have **(avoir)**	had	had
hear **(entendre)**	heard	heard
hold **(tenir)**	held	held
hurt **(blesser)**	hurt	hurt

keep **(garder)**	kept	kept
know **(savoir)**	knew	known
learn **(apprendre)**	learned, learnt	learned, learnt
leave **(laisser, partir)**	left	left
lose **(perdre)**	lost	lost
make **(faire)**	made	made
meet **(rencontrer)**	met	met
pay **(payer)**	paid	paid
put **(mettre)**	put	put
run **(courir)**	ran	run
say **(dire)**	said	said
see **(voir)**	saw	seen
sell **(vendre)**	sold	sold
send **(envoyer)**	sent	sent
show **(montrer)**	showed	shown
shut **(fermer)**	shut	shut
sit **(s'asseoir)**	sat	sat
sleep **(dormir)**	slept	slept
speak **(parler)**	spoke	spoken
spell **(épeler)**	spelled, spelt	spelled, spelt
spend **(dépenser)**	spent	spent
stand **(être debout)**	stood	stood
steal **(voler)**	stole	stolen
sting **(piquer)**	stung	stung
swim **(nager)**	swam	swum
take **(prendre)**	took	taken
teach **(enseigner)**	taught	taught
tell **(raconter)**	told	told
think **(penser)**	thought	thought
understand **(comprendre)**	understood	understood
wake **(se réveiller)**	woke	woken
wear **(porter)**	wore	worn
win **(gagner)**	won	won
write **(écrire)**	wrote	written

POUR TOUS LES JOURS

Les rapports sociaux dans les pays anglophones, et notamment les premiers contacts, sont à la fois plus simples et plus distants. Plus simples car il n'y a pas à se préoccuper de choisir entre tutoiement et vouvoiement : **you** sert pour les deux. Également, on s'adresse très rapidement aux gens par leur prénom (c'est d'autant plus vrai aux États-Unis), même dans un contexte professionnel. En revanche, il est rare de se faire la bise : on se serre la main ou ne fait rien.

Please, thank you et **sorry** : retenez ces quelques mots magiques et indispensables, à utiliser sans modération, tout particulièrement en Grande-Bretagne où toute demande doit être ponctuée d'un **please** final.

Pour commencer

au revoir	goodbye *goudb**aï***
bonjour *(le matin)*	good morning *goud m**ow**rning*
bonjour *(l'après-midi)*	good afternoon *goud**â**ftenoune*
bonjour *(plus familièrement)*	hello *Héllôw*
d'accord/ ok	OK *ô**keï***
excusez-moi *(pour attirer l'attention)*	excuse me *èkski**ou**zmi*
excusez-moi *(je suis désolé)*	sorry *s**o**ri*
merci	thank you *TH**è**nkiou*
non	no *nô*
non merci	no, thank you *nô, TH**è**nkiou*
oui	yes *yèss*
pardon (Monsieur/ Madame)	excuse me *èkski**ou**zmi*
si	yes *yèss*
s'il te plaît	please *pl**i**ze*
s'il vous plaît	please *pl**i**ze*
à bientôt	see you soon *si you soune*
à demain	see you tomorrow *si you toum**ô**rô*
à plus tard	see you later *si you l**eï**teure*
bonne nuit	good night *goud n**aï**te*
bonsoir	good evening *goud**iv**ning*

Formules de base

S'exprimer

j'aimerais … I'd like… *aïde laïke…*
nous aimerions … we'd like… *wide laïke…*
je voudrais … I'd like … *aïde laïke…*
est-ce que tu veux … ? do you want…? *dou you w**an**te…?*
où est … ? where is…? *ouère iz…?*
où sont … ? where are…? *ouère âr…?*
est-ce qu'il y a un(e) … (ici) ? is there a… (here)? *iz Zère e … (H**i**re)?*
c'est combien ? how much is it? *H**â**o meutche iz it?*
qu'est-ce que c'est ? what's that? *ouatss Zat?*
comment … ? how…? *H**â**o…?*
pourquoi … ? why…? *ouaille…?*
quand … ? when…? *ouène…?*

est-ce que vous parlez français ?
do you speak French? *dou you spik fr**èn**tch?*

comment ça se dit en anglais ?
how do you say that in English? *H**â**o dou you s**ei**lle Zat ine **i**nngliche?*

où sont les toilettes, s'il vous plaît ?
where are the *(Br)* toilets/ *(Am)* restrooms, please?
*ouère â Ze t**oy**letss/ **re**stroumz pl**i**ze?*

comment allez-vous ? how are you? *H**â**o âr you?*

très bien, merci, et vous-même ?
very well, thank you, and you? *v**è**ri wèl, THènkiou, ènde you?*

salut, ça va ?
hi, how are you doing? *H**aï**, H**â**o âr you d**ou**ing?*

ça va, et toi ?
fine, and you? *faïne, ènde you?*

je suis (vraiment) désolé I'm (really) sorry *aïme (r**i**li) s**o**ri*
merci beaucoup thank you very much *THènkiou v**è**ri meutche*
il n'y a pas de quoi you're welcome *your w**è**lcomm*
ah bon ? really? *r**i**li?*
merde ! shit! *chitt!*

POUR TOUS LES JOURS

Comprendre

admission free	entrée libre
closed	fermé
entrance	entrée
exit	sortie
free	gratuit
gents	toilettes pour hommes
ladies	toilettes pour femmes
no smoking	défense de fumer
open	ouvert
reserved	réservé
restrooms *(Am)*	toilettes
there is a charge for admission	payant
toilets *(Br)*	toilettes
way in	entrée
way out	sortie
there is/ there are…	il y a …
would you mind if…?	ça vous dérange si … ?
welcome	bienvenue
one moment, please	un moment, s'il vous plaît
please sit down	asseyez-vous, je vous en prie

Problèmes de compréhension

S'exprimer

vous pouvez répéter ?
can you repeat that, please?
*kèn you ripi**te** Zat pli**ze**?*

est-ce que vous pourriez parler plus lentement ?
could you speak more slowly?
*coude you spike mor sl**ô**li?*

je ne comprends pas
I don't understand
*aï donnte andeurst**è**nde*

je comprends un petit peu
I understand a little
aï andeurstènde e liteule

je ne comprends rien
I don't understand a word
aï donnte andeurstènde e oueurde

je n'ai pas compris
I didn't understand *aï dideunte andeurstènde*

j'arrive à comprendre l'anglais mais je ne peux pas le parler
I can understand English but I can't speak it *aï kèn andeurstènde inngliche beute aï kante spike ite*

je parle à peine l'anglais
I speak hardly any English *aï spike Hâdli èni inngliche*

j'ai du mal à comprendre/ parler
I have trouble understanding/ speaking
aï Hav trabeule andeurstènding/ spiking

est-ce que vous parlez français ?
do you speak French? *dou you spike frèntche?*

pardon ?	**quoi ?**	**hein ?**
pardon?	what?	eh?
pâdonne?	*ouate?*	*è?*

comment est-ce qu'on dit … en anglais ?
how do you say… in English?
Hâo dou you seille… ine inngliche ?

comment ça s'écrit ?
how do you spell it?
Hâo dou you spèl-ite?

comment on appelle ça ?
what's it called?
ouatss ite côld?

est-ce que vous pourriez l'écrire ?
could you write it down?
coude you raïte-ite dâonne?

qu'est-ce qui se passe ?
what's happening?
ouatss Hapeuning?

Comprendre

do you understand English? est-ce que vous comprenez l'anglais ?
it's spelled... ça s'écrit ...
it means... ça veut dire ...
it's a kind of... c'est une sorte de ...

Parler de la langue

S'exprimer

j'ai appris quelques mots avec un bouquin
I learned a few words from a book
*aï leurnde e fiou ou**eu**rdz fromm e bouk*

j'en avais fait à l'école mais j'ai tout oublié
I did it at school but I've forgotten everything
*aï did-ite ate sk**ou**l beute aïve forg**o**teune **é**vrifing*

je me débrouille à peu près
I can just about get by
*aï kèn dj**eu**st eub**âo**t guète baï*

je ne sais presque rien
I know hardly anything at all
*aï no H**â**dli **è**nifing ate **ô**le*

je trouve ça difficile
I find it difficult
*aï faïnd-dit d**i**fikeult*

il y a des sons difficiles à prononcer
there are some sounds which are difficult to pronounce
*Zère âr somme s**âo**ndz ouitch âr d**i**fikeult tou pron**âo**nnts*

je connais les bases mais pas plus
I know the basics but no more than that
*aï nô Ze b**eï**ssikss beute nô m**o**r Zane Zat*

ça ressemble pas mal au français
it's quite like French
*itss kou**aï**te laïke fr**è**ntch*

les gens parlent tellement vite
everyone speaks so quickly
***è**vri-ouane spik sô kw**i**kli*

Comprendre

you have a very good accent
vous n'avez pas beaucoup d'accent

I think you manage very well
je trouve que tu te débrouilles très bien

you speak very well
tu parles très bien

Demander son chemin

S'exprimer

excusez-moi, où est …, s'il vous plaît ?
excuse me, where is…, please?
*ekski**ou**z mi, ouère iz…, pl**i**ze?*

…, c'est par où ?
which way is…?
*ouitch w**ei**lle iz…?*

je cherche …
I'm looking for…
aïme loukin fore…

est-ce que vous pouvez me dire comment aller à … ?
could you tell me how to get to…?
*coude you t**è**le mi H**â**o tou guète tou…?*

quelle est la route pour … ?
which way is it to…?
*ouitch w**ei**lle iz ite tou…?*

est-ce que vous pourriez me montrer sur le plan ?
could you show me on the map?
*coude you ch**ô** mi onn Ze m**a**pe?*

est-ce qu'il y a un plan de la ville quelque part ?
is there a street map anywhere?
*iz Zère e str**i**te mape èniw**è**re?*

c'est loin ?
is it far? *iz ite f**â**r?*

je me suis perdu
I'm lost *aïme losste*

je suis complètement perdu/ un peu perdu
I'm completely lost/ a bit lost
*aïme commpl**i**tli losste/ e b**i**te losste*

je crois que je me suis trompé
I think I've gone the wrong way
aï THinnk aïve gonne Ze rongue weille

Comprendre

continue	continuer
do a U-turn	faire demi-tour *(en voiture)*
follow	suivre
go down	descendre
go up	monter
left	gauche
right	droite
straight on	tout droit
turn	tourner
turn back	faire demi-tour *(à pied)*

are you on foot or do you have a car?
vous êtes à pied ou en voiture ?

it's five minutes away on foot/ by car
c'est à cinq minutes à pied/ en voiture

it's the second street on the right
c'est la deuxième rue à droite

take the first street on the left after the (traffic) lights
prenez la première rue à gauche après le feu

take the next exit
prenez la prochaine sortie

keep going straight on until you get to a large white building
continuez tout droit jusqu'à un grand bâtiment blanc

it's very near/ quite far/ around here
c'est tout près/ assez loin/ dans le coin

it's just there/ after the crossroads
c'est juste là/ après le carrefour

you'll see it, it's signposted
vous verrez, c'est indiqué

you're nearly there, you see the green sign, it's just opposite that
vous y êtes presque, vous voyez le panneau vert, c'est en face

follow me, I'll take you
suivez-moi, je vais vous y conduire

FAIRE CONNAISSANCE

Pour commencer

adorer	to love *tou lov*
aimer *(apprécier)*	to like *tou laïke*
beau	nice *naïsse*
bien *(adv)*	well *ouèle*
bien *(adj)*	good *goude*
bon marché	cheap *tchip*
cher	expensive *ex**pèn**siv*
détester	to hate *tou Heïte*
intéressant	interesting ***inn**trèsstinng*
magnifique	wonderful ***wo**nndeurfoul*
nul	useless ***you**slèss*
ok	OK *ôkeï*
pas mal	not bad *note bade*
super	great *greïte*
très bien *(adv)*	very well ***vè**ri ouèle*
très bien *(adj)*	very good ***vè**ri goude*
vacances	*(Br)* holiday(s) ***Ho**lideï(z)*, *(Am)* vacation *ve**keï**cheune*

Se présenter, parler de soi

S'exprimer

je m'appelle ..., et toi ?
I'm..., what's your name?
*aïme..., ouatss your **neï**mm?*

comment t'appelles-tu ?
what's your name?
*ouatss your **neï**mm?*

tu es d'ici ?
are you from around here?
*âr you fromm eur**a**ounde Hire?*

je te présente ...
this is...
Ziss iz...

(enchanté,) moi c'est ... (pleased to meet you,) I'm...
(plizd tou mite you,) aïme...

je suis français(e)
I'm French
aïme frèntch

je viens de ...
I come from...
aï comm fromm...

quel âge as-tu ?
how old are you?
Hâo ôld âr you?

j'ai 22 ans
I'm twenty-two
aïme twènti-tou

qu'est-ce que vous faites dans la vie ?
what do you do (for a living)? *ouate dou you dou (fore e living)?*

tu es étudiant ?
are you a student?
âr you e stioudeunt?

je travaille
I work
aï weurk

je fais des études d'économie
I'm studying economics *aïme steudi-inng iconomikss*

tu travailles dans quoi ?
what do you work as? *ouate dou you weurk az?*

je suis prof
I'm a teacher
aïme e titcheur

je suis à la retraite
I'm retired
aïme ritayeurd

je travaille dans le marketing
I work in marketing
aï weurk ine markètinng

moi aussi
me too
mi tou

j'ai deux enfants, un de 3 ans et l'autre de 9 ans
I have two children, one's three and the other's nine
aï Hav tou tchildreun, ouanz THri ènde Zi oZeurz naïne

ils ont quel âge ?
how old are they? *Hâo olde âr Zeï?*

est-ce que vous êtes déjà allé en France ?
have you ever been to France? *Hav you èveur binn tou franss?*

Comprendre

are you French? — vous êtes français ?
I know France well — je connais bien la France
we have a house here for the summer — nous avons une maison ici pour l'été
I'd like to get to know Paris — j'aimerais beaucoup connaître Paris
I have family in France — j'ai de la famille en France

Parler de son séjour

S'exprimer

je suis arrivé(e) il y a 3 jours
I arrived three days ago *aï eur**aï**vde THri de**ï**z egô*

c'est la première fois que je viens
it's the first time I've been here *itss Ze feurst taïme aïv binn H**i**re*

nous ne sommes ici que pour 3 jours
we're only here for three days *w**i**r onli H**i**re fore THri deïz*

je suis seulement de passage ici
I'm just passing through *aïme djeust p**a**ssinng THrou*

on est venus pour notre anniversaire de mariage
we've come for our wedding anniversary
*wiv comm fore **â**weur wèdinng anive**eu**rsseri*

c'est notre lune de miel
we're on our honeymoon *w**i**r onn H**o**nimoune*

je visite la région
I'm visiting the area *aïme v**i**zitinng Zi **è**ri-eur*

je suis venu rejoindre des amis
I've come to meet up with friends
*aïve comm tou mite **eu**p ouiv fr**è**ndz*

je suis venu avec un(e) ami(e)
I've come with a friend *aïve comm ouiv e fr**è**nd*

je suis en vacances
I'm on *(Br)* holiday/ *(Am)* vacation *aïme onn H**o**lideï/ vek**eï**cheune*

je suis ici pour mon travail
I'm here for work *aïme H**i**re fore weurk*

on m'a conseillé d'aller à …
I've been advised to go to…
*aïve binn rècom**èn**deud tou gô tou…*

j'ai l'intention d'aller à …
I intend to go to…
aï inntènnd tou gô tou…

Comprendre

enjoy the rest of your stay! bonne fin de séjour !
all the best! bonne continuation !
see you! à une prochaine !

is this the first time you've been here?
c'est la première fois que vous venez ici ?

how long are you here for? vous êtes ici pour combien de temps ?

do you like it? ça vous plaît ?

have you been to visit...? est-ce que vous avez été visiter … ?

have a good *(Br)* **holiday/** *(Am)* **vacation**
passez de bonnes vacances

Garder contact

S'exprimer

on reste en contact, hein ?
we'll stay in touch, won't we?
*wil steille inn **teu**tch, wou**an**te wi?*

je peux te donner mon adresse e-mail
I can give you my e-mail address
*aï kèn giv you maï **i**meïl ed**re**sse*

voilà mes coordonnées en France, si vous passez un jour
here is my address and phone number, if you're ever in France
*Hire iz maï edr**e**sse ènde f**ô**nn n**am**mbeur, if your èveur inn fr**an**ss*

Comprendre

will you give me your address? tu me donnes ton adresse ?

do you have an e-mail address? est-ce que vous avez une adresse e-mail ?

you're always welcome vous êtes toujours les bienvenus

Échanger ses impressions

Quelques expressions familières

it was garbage *(Am)* **c'était nul**
we had a blast on s'est éclatés

S'exprimer

c'est une bonne idée, pourquoi pas ?
that's a good idea, why not?
*Zatss e goude aïd**i**eu, ouaïlle note?*

c'est génial
it's great
itss greïte

c'était génial
it was great
it waz greïte

est-ce que c'est dangereux de … ?
is it dangerous to…?
*iz ite d**eïn**ndjereuss tou…?*

ça me plaît
I like it
aï laïke ite

j'adore …
I love…
aï lov…

j'aime beaucoup …
I like… very much
*aï laïke… v**è**ri meutche*

j'ai beaucoup aimé …
I liked… very much
*aï laïkt… v**è**ri meutche*

je n'aime pas beaucoup …
I don't like… very much
*aï donnte laïke… v**è**ri meutche*

j'aimerais bien …
I'd really like to…
*aïde r**i**li laïke tou…*

j'aurais bien aimé …
I'd really have liked to…
*aïde r**i**li Hav laïkt tou…*

je trouve ça …
I find it…
aï faïnd-dite…

j'ai trouvé ça …
I found it…
*aï f**a**ound-dite…*

je suis d'accord
I agree
*aï eugr**i***

je ne suis pas d'accord
I don't agree
aï donnte eugri

je ne sais pas
I don't know
aï donnte nô

ça m'est égal
I don't mind
aï donnte maïnde

ça ne me dit pas trop
it doesn't really appeal to me
*ite d***a***zeunt rili eupi***l** *tou mi*

ça m'énerve
it gets on my nerves
ite guètss onn maï neurvz

ça a un drôle de goût
it tastes funny *ite teïssts f***e***ni*

c'est de l'arnaque
it's a rip-off
itss e ripoff

c'est un attrape-touristes
it's a tourist trap
itss e tourist trape

c'est très animé le soir
it's very busy at night
itss vèri bizi ate naïte

il y a trop de monde
there are too many people
Zèr âr tou mèni ***pi****pole*

il y avait beaucoup de monde
there were lots of people
Zèr ouère lotss ov ***pi****pole*

je n'ai pas compris grand-chose
I didn't understand very much
*aï dideunte andeurst***è***nde vèri m***eu***tche*

on s'est bien amusés
we had a good time
*wi Hadd e goude t***aï***me*

je me suis ennuyé à mourir
I was bored to death
*aï waz b***o***rdd tou dèf*

il y avait une super bonne ambiance
there was a great atmosphere
Zèr waz e greïte ***a****tmossfir*

j'ai rencontré des gens très sympas
I met some really nice people
aï mètt somm ***ri****li naïsse* ***pi****pole*

on a trouvé un petit hôtel très sympa
we found a really nice little hotel
wi faounde e ***ri****li naïsse liteule Hôtel*

Comprendre

do you like...? est-ce que tu aimes ... ?
we could... on pourrait ...
do you feel like going...? ça te dit d'aller ...?
how about going...? et si on allait ... ?
did you like it? ça t'a plu ?
it's nothing special ça n'a rien d'exceptionnel
it's a beautiful area c'est une très belle région
you should go vous devriez y aller

it's better going during the week, it's not so busy
il vaut mieux y aller en semaine, il y a moins de monde

you absolutely must try...
il faut absolument que vous goûtiez ...

Parler du temps qu'il fait

Quelques expressions familières

(Br) **it's bucketing down** **il tombe des cordes**
it's freezing **il fait un froid de canard**
it's a scorcher **il fait une chaleur à crever**

S'exprimer

quelles sont les prévisions météo pour demain ?
what's the weather forecast for tomorrow?
*ouatss Ze w**è**Zeur f**o**re-casst fore toum**ô**rô?*

il va faire mauvais
it's going to be bad
*itss g**o**ïne tou bi bade*

il va faire beau
it's going to be nice
*itss g**o**ïne tou bi naïsse*

quel sale temps !
what horrible weather!
*ouate H**o**ribeule w**è**Zeur!*

on a de la chance avec le temps
we're lucky with the weather
*wir l**e**ki wiv Ze w**è**Zeur*

il fait vraiment chaud
it's really hot
*itss **ri**li Hotte*

il a fait un temps magnifique
the weather was beautiful
*Ze **wè**Zeur waz bi**ou**tifoule*

il a fait plus de 35 degrés
it was over thirty-five degrees *it waz **o**veur TH**eu**rti-faïve digr**iz***

quelle belle journée, hein ?
it's a lovely day, isn't it? *itss e **lo**vli deï, **i**zeunt-tit?*

il fait froid le soir
it's cold in the evenings
*itss côld inn Zi **i**vningz*

il fait humide
it's damp
itss dammp

Comprendre

it might rain — il risque de pleuvoir

they've forecast good weather for the whole week
ils ont prévu du beau temps pour toute la semaine

VOYAGER, SE DÉPLACER

Pour commencer

aéroport	airport *èreporte*
aller (simple)	*(Br)* single (ticket) *sinngueul (tikèt)*, *(Am)* one-way (ticket) *ouaneweille (tikèt)*
aller-retour	*(Br)* return (ticket) *riteurn (tikèt)*, *(Am)* round-trip (ticket) *raoundetripp tikèt*
arrêt de bus	bus stop *beusse stope*
autoroute	*(Br)* motorway *môtôweille*, *(Am)*freeway *friweille*
avion	plane *pleïne*
bagages	baggage *baguedj*, luggage *leguedj*
bateau	boat *bôtt*
billet	ticket *tikèt*
bus	bus *beusse*
car	bus *beusse* *(Br)*, coach *côtch*
carte	map *mâp*
centre-ville	*(Br)* town centre *taoune sènnteur*, *(Am)* downtown *daountaoune*
consigne	*(Br)* left-luggage office *lèft-leguedj office*, *(Am)* checkroom *tchèkroum*
embarquement	boarding *bôwrdinng*
enregistrement	check-in *tchèk-kinn*
ferry	ferry *fèri*
gare	station *steïcheun*
gare routière	bus station *beusse steïcheun*
horaires	timetable *taïmmteïbeul*
louer	to rent *tou rènnt*
métro	*(Br)* underground *eundeugraounde*, *(Am)* subway *seubweille*
navette	shuttle *cheuteul*
passeport	passport *pâssporte*
plan	map *mâp*
porte	gate *gueïte*
quai	platform *platforme*
réserver	to book *tou bouk*
route	road *rôdd*

rue street *stritt*
station de métro *(Br)* tube/ underground station *tioube/ eundeugraounde steïcheun, (Am)* subway station *seubweille steïcheun*
taxi taxi *taxi*
terminal terminal *teurmineul*
ticket ticket *tikèt*
train train *treïne*
tramway *(Br)* tram *tramm, (Am)* streetcar *stritcâr*
voiture car *câr*
vol flight *flaïte*

S'exprimer

où est-ce que je peux acheter des billets ?
where can I buy tickets? *ouère kèn aï baille tikètss?*

un billet pour …
a ticket to … please *e tikèt tou… plize*

je voudrais réserver un billet
I'd like to book a ticket *aïde laïke tou bouk e tikèt*

combien coûte un billet pour … ?
how much is a ticket to…? *Hâo meutche iz e tikèt tou…?*

est-ce qu'il y a des réductions pour les étudiants ?
are there any concessions for students? *âr Zèr èni connesécheunz fore stioudeunts?*

est-ce que vous auriez un dépliant avec les horaires ?
do you have a timetable, please? *dou you Hav e taïmteïbeul, plize?*

est-ce qu'il vous reste des places pour … ?
are there any tickets left for…? *âr Zèr èni tikètse lèft fore…?*

il n'y en a pas plus tôt/ tard ?
is there an earlier/ a later one? *iz Zèr ann eurli-eur/ e leïteur ouane?*

combien de temps dure le voyage ?
how long does the journey take? *Hâo longue daz Ze djeurni teïk?*

est-ce que cette place est libre ?
is this seat free? *iz Ziss sitt fri?*

désolé, il y a déjà quelqu'un
I'm sorry, this seat is taken *aïme sori, Ziss site iz teïkeune*

Comprendre

Déchiffrer les abréviations

arr (= arrival) **arrivée**
dep (= departure) **départ**
ex Sun (= except Sundays) **sauf le dimanche**
jours de la semaine : Mon, **Tues, Wed, Thurs, Fri, Sat, Sun**
13.50 ou **1.50pm** = **13h50**

arrivals	arrivées
cancelled	annulé
connections	correspondances
delayed	retardé
departures	départs
entrance	entrée
exit	sortie
gents	toilettes pour hommes
ladies	toilettes pour femmes
no entry	entrée interdite
way in	entrée
way out	sortie
everything is fully booked	tout est complet

En avion

Aux États-Unis, les vols intérieurs sont nombreux et relativement bon marché. Si vous comptez voyager à l'intérieur du pays, achetez (de préférence avant votre départ) un forfait (**pass**), qui vous reviendra beaucoup moins cher.

S'exprimer

où est l'enregistrement des bagages pour British Airways ?
where is the British Airways check-in desk?
*ouère iz Ze britich-**è**rweillz tchèk-kinn d**è**sk?*

une valise et un bagage à main
one suitcase and one piece of hand luggage
*ouane s**ou**tkeïss ènde ouane piss ov H**è**nnd leguedj*

à quelle heure embarque-t-on ?
what time does boarding start?
*ouate taïme daz b**ô**wrdinng starte?*

je voudrais confirmer mon vol de retour
I'd like to confirm my return flight
*aïde laïke tou connfeurm maï rit**eu**rn flaïte*

il me manque une valise
one of my suitcases is missing
*ouane ov maï s**ou**tkeïsseuz iz missinng*

mes bagages ne sont pas arrivés
my luggage hasn't arrived
*maï l**e**guedj Hazeunt eur**aï**vd*

l'avion a eu 2 heures de retard
the plane was two hours late
*Ze pleïne waz tou **â**weurz leïte*

j'ai raté ma correspondance
I've missed my connection
*aïve misst maï conn**è**kcheun*

j'ai oublié quelque chose dans l'avion
I've left something on the plane
*aïve lèft sommTHinng onn Ze pl**eï**ne*

je voudrais faire une déclaration de perte pour mes bagages
I'd like to report the loss of my luggage
*aïde laïke tou rip**o**rte Ze losse ov maï l**e**guedj*

Comprendre

baggage reclaim	retrait des bagages
boarding	embarquement
check-in	enregistrement des bagages
customs	douane
departure lounge	salle d'embarquement
domestic flight	vol intérieur

goods to declare marchandises à déclarer
immediate boarding embarquement immédiat
nothing to declare rien à déclarer

please wait in the departure lounge
veuillez patienter dans la salle d'embarquement

would you like a window seat or an aisle seat?
une place côté hublot ou côté couloir ?

you'll have to change at...
vous avez une correspondance à ...

how many pieces of luggage do you have?
combien de bagages avez-vous ?

your luggage is fifteen kilos overweight
vous avez un excédent de 15 kilos

here's your boarding card
voilà votre carte d'embarquement

please go to gate number...
veuillez vous rendre à la porte ...

call this number to check if your luggage has arrived
appelez ce numéro pour savoir si vos bagages sont arrivés

En train, car, bus, métro, tramway

Au Royaume-Uni, les billets de train les moins chers doivent être réservés au moins sept jours à l'avance (billets **APEX**). Le contrôle des billets se fait à bord (pas besoin de composter). Avec l'**Eurostar**, vous êtes à Londres en trois heures depuis Paris. Nettement moins chers que le train et presqu'aussi rapides, les autocars de la compagnie **National Express** desservent l'ensemble de la Grande-Bretagne. Le métro londonien, appelé le **tube**, fonctionne de 05h30 à peu après minuit. Les tickets s'achètent uniquement dans les stations. Si vous avez plusieurs trajets à faire en bus et en métro, une **TravelCard** (pour un ou plusieurs jours) vous reviendra moins cher. Dans les bus, on achète son ticket directement auprès du chauffeur (souvent, il faut donner l'appoint). Appuyez sur l'un des boutons pour signaler que vous voulez descendre à l'arrêt suivant.

AmTrak est la compagnie ferroviaire américaine. Les billets de train sont contrôlés à bord. Les cars de la compagnie **Greyhound** permettent de parcourir les États-Unis à bon marché. Le métro fonctionne avec des **tokens** (jetons), que l'on achète dans les stations. Le métro new-yorkais fonctionne 24 heures sur 24.

S'exprimer

est-ce que je peux avoir un plan du métro ?
can I have a map of the *(Br)* underground/ *(Am)* subway?
*kèn aï Hav e mâp **ov** Zi **eu**ndeugraounde?/ Ze s**eu**bweille?*

à quelle heure est le prochain train pour … ?
when is the next train to…?
*ouène iz Ze nèxt tr**eï**ne tou…?*

à quelle heure part le dernier train ?
when is the last train?
*ouène iz Ze l**â**sst treïne?*

de quel quai part le train pour … ?
what platform does the train for … leave from?
*ouate pl**a**tforme daz Ze treïne fore… l**i**ve fromm?*

où est-ce que je peux prendre un bus pour … ?
where can I get a bus to…?
*ouère kèn aï guète e b**eu**sse tou…?*

quelle ligne dois-je prendre pour … ?
which line do I take to get to …?
ouitche laïne dou aï teïk tou guète tou …?

c'est bien l'arrêt pour … ?
is this the right stop for …?
*iz Ziss Ze r**aï**te stope fore…?*

c'est bien d'ici que part le car pour … ?
does the bus for … leave from here?
*daz Ze b**eu**sse fore … live fromm H**i**re?*

pourriez-vous me dire quand il faut descendre ?
could you tell me when I have to get off?
*coude you t**è**l mi ouène aï Hav tou guète **o**ff?*

j'ai raté mon train
I've missed my train
*aïve misst maï tr**eï**ne*

Comprendre

monthly	mensuel
ticket office	billetterie
today's ticket sales only	départs dans la journée
to the trains	accès aux quais
weekly	hebdomadaire

there's a stop just a little further on, on the right
il y a un arrêt juste un peu plus loin à droite

exact money only, please	faites l'appoint, s'il vous plaît
two stops from here	dans deux arrêts
you have to change at...	vous avez un changement à ...
this train calls at...	ce train dessert les gares de ...

you have to take bus number...
vous devez prendre le bus n°...

En voiture

Pour louer une voiture au Royaume-Uni, il faut généralement avoir plus de 21 ans. Un **mile** équivaut à 1,6 km. La conduite à gauche implique que les rond-points se prennent dans le sens des aiguilles d'une montre. Sur les routes à plusieurs voies, prenez garde aux différentes indications des feux : le feu peut être rouge pour les voitures tournant à gauche tandis qu'une flèche verte autorise le passage des voitures allant tout droit. Les autoroutes sont gratuites. La lettre **M** indique une autoroute (**motorway**) et **A** et **B** l'équivalent d'une nationale. Les **dual carriageways** sont des routes à deux voies. L'essence (qui se compte désormais en litres), plus chère que sur le continent, existe en **4-star** (super), **unleaded** (sans-plomb), **LPG** (GPL) et **diesel**. Pour prendre un taxi, vous pouvez aller à un arrêt de taxi (**taxi rank**) ou en appeler un par téléphone mais il est également courant d'en héler un dans la rue. Un taxi est libre lorsque son signal lumineux jaune est allumé. Les célèbres taxis noirs (**black cabs**) peuvent prendre jusqu'à 5 passagers.

Si vous voulez parcourir l'Amérique du Nord, louer une voiture est le moyen le plus pratique et bon marché. Pour cela, soyez munis d'un permis international et d'une carte de crédit (pour éviter de

VOYAGER, SE DÉPLACER

payer une caution exorbitante). Les voitures à boîte de vitesses automatique sont la norme. On roule à droite, comme en France, mais on compte en miles, comme en Grande-Bretagne. Les autoroutes sont appelées **freeways** (ou **expressways**). La lettre **I** indique une **interstate**, autoroute qui traverse plusieurs États. Il existe quelques autoroutes à péage appelées **turnpikes**. L'essence se compte en **gallons** (3,8 litres) et existe en **regular** (sans plomb), **super unleaded** (sans plomb, plus chère) et **Ethyl** (la plus chère).

S'exprimer

où est-ce que je peux trouver une station-service ?
where can I find a *(Br)* petrol/ *(Am)* gas station?
*ouère kèn aï faïnde e p**è**trole/ g**a**ss st**eï**cheun?*

le plein de sans-plomb, s'il vous plaît
fill it up with unleaded, please
*fil-lite eup wiv eunl**è**dide, pl**i**ze*

on a été bloqués dans un embouteillage
we got stuck in a traffic jam
*wi gote st**eu**k inn e tr**a**ffic djamm*

est-ce qu'il y a un garage par ici ?
is there a garage near here?
*iz Zèr e (Br) g**a**reudj/ (Am) gueur**âj** n**i**r H**i**re?*

pourriez-vous m'emmener à la station-service la plus proche?
could you take me to the nearest service station?
*coude you teïk mi tou Ze n**i**reusst s**eu**rviss st**eï**cheun?*

pouvez-vous nous aider à pousser la voiture ?
could you help us to push the car?
*coude you H**è**lp-peusse tou pouche Ze c**â**r?*

la batterie est morte
the battery's dead
*Ze b**â**teuriz dèd*

je suis tombé en panne
I've broken down
*aïve br**ô**keun d**a**oune*

nous sommes en panne d'essence
we've run out of *(Br)* petrol/ *(Am)* gas
*wiv reune **a**oute ov p**è**trole/ g**â**ss*

j'ai crevé
I've had a puncture
*aïve Hadd e p**eu**nktcheur*

nous venons d'avoir un accident
we've just had an accident
*wiv djeust Hadd ann-**a**ksideunt*

j'ai perdu les clés de ma voiture
I've lost my car keys
*aïve losste maï k**i**z*

ça va prendre combien de temps à réparer ?
how long will it take to repair?
*Hâo longue wil ite teïke tou rip**è**r?*

Location de voiture

je voudrais louer une voiture pour une semaine
I'd like to rent/ *(Br)* hire a car for a week
*aïde laïke tou rènnt/ H**a**ïeure e c**â**r fore e w**i**k*

une voiture à boîte de vitesse automatique
an automatic
*ann otôm**â**tik*

une voiture à boîte de vitesse classique
a *(Br)* manual/ *(Am)* stickshift
*e m**a**nioule/ stikchifte*

je voudrais prendre une assurance tous risques
I'd like to take out comprehensive insurance
*aïde laïke tou teïk aoute commpréH**è**nnsiv innch**ou**reunss*

En taxi

je voudrais aller à …
I'd like to go to… *aïde laïke tou g**ô** tou…*

je voudrais un taxi pour 8h
I'd like to book a taxi for 8 o'clock
*aïde laïke tou bouk e t**a**xi fore eïte e-cl**o**que*

vous pouvez m'arrêter ici, merci
you can drop me off here, thanks
*you kèn dr**o**pe mi H**i**re, THènxe*

combien ça va me coûter pour aller à l'aéroport ?
how much will it cost to go to the airport?
*Hâo meutche wil ite c**o**sste tou gô tou Zi **è**rporte?*

En auto-stop

je vais à ...
I'm going to...
*aïme g**o**ïne tou...*

est-ce que vous pourriez me déposer ici ?
could you drop me off here?
*coude you drope mi off H**i**re?*

on est venu en stop
we hitched here *wi Hittcht H**i**re*

merci de m'avoir emmené
thank you for the *(Br)* lift/ *(Am)* ride
*THènkiou fore Ze l**i**fte/ r**aï**de*

Comprendre

all directions	toutes directions
car hire	location de voitures
car park *(Br)*	parking
car rental	location de voitures
full	complet
keep your ticket	conservez votre ticket
no parking	stationnement interdit (signalé par une double ligne jaune continue)
other directions	autres directions
parking garage *(Am)*	parking
parking lot *(Am)*	parking
red route *(Br)*	route où il est interdit de s'arrêter, même pour déposer quelqu'un (signalée par une ligne rouge continue)
slow	ralentissez

I need your *(Br)* **driving licence/** *(Am)* **driver's license, a piece of ID, proof of your address and your credit card**
il me faut votre permis de conduire, une pièce d'identité, un justificatif de domicile et votre carte de crédit

there's a hundred-pound deposit
la caution est de 100 livres

come on, get in, I'll take you as far as...
c'est bon, montez, je vais vous avancer jusqu'à …

En bateau

Plusieurs compagnies de **ferries** assurent des liaisons régulières et directes entre le nord de la France ou la Belgique (Zeebrugge) et le sud de l'Angleterre ainsi que Cork et Rosslare en Irlande. Si vous voyagez en voiture, vous pouvez prendre l'**Eurotunnel** entre Calais et Folkestone.

combien de temps dure la traversée ?
how long is the crossing?
Hâo longue iz Ze crossinng?

j'ai le mal de mer I'm seasick
*aïme s***i***-sik*

Comprendre

foot passengers only	passagers sans véhicule
next crossing at...	prochain départ à …

Quelques expressions familières

to thumb a *(Br)* **lift /** *(Am)* **ride**
faire du stop
the Chunnel
le tunnel sous la Manche

LES ANIMAUX

ladybird
parrot
fly
mosquito
butterflies
spider
lovebirds
bee
goose
goldfish
mice
frog
duck
dogs
cat
rooster
chick
hen
hamster
rabbit

LES ANIMAUX

horse
sheep
calf and cow
shark
dolphin
lamb
fox
giraffe
zebra
bear
lion
elephant
snake
pig
chimpanzee
tiger

HÉBERGEMENT

En Grande-Bretagne, le voltage est de 240V mais les prises sont à trois dents. Aux États-Unis, le voltage est de 110V et il vaut mieux se munir d'un adaptateur (**adaptor**) avant le départ.

Pour commencer

appartement	*(Br)* flat *fl**â**te*, *(Am)* apartment *ep**a**rtmeunte*
auberge de jeunesse	youth hostel *youTH H**o**ssteul*
avec cuisine	with kitchen *wiv k**i**tcheune*
avec douche	with shower *wiv ch**â**weur*
baignoire	bath *bâTH*
camping (lieu)	campsite ***cam**mpssaïte*
camping (activité)	camping ***cam**mpinng*
caravane	caravan *c**a**revann*
chambre double	double room *d**a**beul roum*
chambre pour une personne	single room *s**i**nngueul roum*
clé	key ***ki***
demi-pension	half-board *Hâf bôrd*
douche	shower *ch**â**weur*
hôtel	hotel *Hôtèl*
lit double	double bed *d**a**beul bèd*
lit pour une personne	single bed *s**i**nngueul bèd*
locataire	tenant *t**è**neunte*
louer	to rent *tou rènnt*
maison	house *H**a**ouss*
pension complète	full board *foul bôrd*
petit déjeuner compris	breakfast included *br**è**kfeust inncl**ou**deud*
prix par personne	price per person *praïss peur p**eu**rsonn*
propriétaire	owner ***ô**wneur*
réserver	to reserve *tou reuz**eu**rv*
tente	tent *tènnt*
toilettes	*(Br)* toilets ***toy**letss*, *(Am)* restrooms ***r**estroumz*
tout compris	all inclusive *ôl-inncl**ou**ziv*

S'exprimer

est-ce que vous pouvez m'écrire l'adresse ?
could you write down the address for me?
*coude you raïte d**a**oune Zi eudr**è**ss f**o**re mi?*

où peut-on faire les courses dans le coin ?
where can I do some shopping around here?
*ouère kèn aï dou somm ch**o**ppinng eur**a**ounde Hire?*

comment marche la douche ?
how does the shower work?
*H**â**o daz Ze ch**â**weur weurk?*

est-ce qu'il serait possible de rester une autre nuit ?
would it be possible to stay another night?
*woud-ite bi possibeul tou steille en**o**Zeur naïte?*

vous acceptez les cartes de crédit ?
do you take credit cards?
*dou you teïk cr**è**dite cardz?*

y a-t-il une banque par ici ?
is there a bank near here?
*iz Zèr e bannk n**i**re H**i**re?*

j'ai réservé une chambre pour deux par téléphone
I booked a room for two over the phone
*aï boukt e roum fore tou **ô**veur Ze f**ô**nn*

j'ai réservé au nom de …
I made a booking in the name of…
aï meïde e boukinng ine Ze neïme of…

Comprendre

bathroom salle de bains, *(Am)* toilettes
cable/ satellite television télévision par câble/ satellite
double room chambre double
no vacancies complet
private privé
reception réception
room with en-suite bathroom chambre avec salle de bains
single room chambre pour une personne

vacancies chambres libres
with kitchen avec cuisine

can I see your passport?
est-ce que je peux voir votre passeport ?

could you fill in this form?
est-ce que vous pouvez remplir cette fiche ?

Hôtel et chambre d'hôtes

Les hôtels britanniques sont chers et, en dehors des grandes agglomérations, plutôt moins nombreux qu'en France. En revanche, vous trouverez un peu partout d'accueillantes chambres d'hôtes, appelées **guest house** ou **bed and breakfast** (littéralement "lit et petit déjeuner"), ou plus couramment **B&B** (prononcez *bi ènde bi*). Une pancarte à l'entrée indique s'il reste des chambres libres (**vacancies**) ou non (**no vacancies**) pour le jour même. Les prix affichés sont par personne et non par chambre et comprennent le petit déjeuner. Vous aurez souvent le choix entre un **English breakfast**, composé d'œufs brouillés (**scrambled eggs**) accompagnés notamment de saucisses (**sausages**), bacon, haricots blancs en sauce (**baked beans**) et toasts, ou un **continental breakfast**, c'est-à-dire le petit déjeuner tel qu'il est pratiqué en Europe continentale. L'office du tourisme (**Tourist Information Centre**) local propose souvent, moyennant une commission raisonnable, un service de réservation qui pourra vous épargner bien des efforts.

Aux États-Unis, les hôtels et motels sont très nombreux. Les motels sont généralement à la sortie des villes, au bord des autoroutes, et donc plus adaptés à ceux qui voyagent en voiture. Les prix sont souvent négociables, notamment en basse saison. Les prix affichés sont toujours hors taxes : il faut parfois ajouter jusqu'à 15% de **hotel tax**.

S'exprimer

je voudrais réserver une chambre pour 2 personnes pour demain soir
I'd like to reserve a room for two people for tomorrow night
aïde laïke tou rizeurv e roum fore tou pipole fore toumôrô naïte

je voudrais réserver 2 chambres individuelles pour 3 nuits
I'd like to reserve two single rooms for three nights
aïde laïke tou rizeurve tou sinngueul roumz fore THri naïtss

est-ce qu'il vous reste des chambres de libres ?
do you have any rooms available?
dou you Have èni roumz euveïllebeul?

une chambre pas chère pour une personne
a cheap single room
e tchip sinngueul roum

c'est pour un couple et 2 enfants
it's for a couple and two children
itss fore e copeul ènde tou tchildreun

ça n'a pas vraiment d'importance
that doesn't really matter
Zat dazeunt rili mâteur

est-ce que je peux voir la chambre ?
can I see the room?
kèn aï si Ze roum?

c'est bien, je la prends
it's fine, I'll take it
itss faïne, âl teïk-kite

avez-vous quelque chose de plus calme ?
do you have anything quieter?
dou you Hav ènifinng kwaïyeteur?

est-ce qu'il est possible d'ajouter un lit supplémentaire ?
would it be possible to add an extra bed?
woud-ite bi possibeul tou âd ann extra bèd?

nous pensons rester 2 nuits
we're planning to stay for two nights
wir planninng tou steille fore tou naïtss

pourriez-vous me recommander un autre hôtel ?
could you recommend me another hotel?
*coude you rècom**è**nde mi en**o**Zeur Hôtel?*

combien coûte une chambre avec salle de bains ?
how much is a room with en-suite bathroom?
*H**â**o meutche iz e roum wiv en-suite b**â**THroum?*

vous n'avez rien de moins cher ?
do you have anything cheaper?
*dou you Hav **è**nifinng tch**i**peur?*

est-ce que le petit déjeuner est inclus ?
is breakfast included?
*iz br**è**kfeust inncl**ou**deud?*

est-ce que l'hôtel est près du centre ?
is the hotel near the centre of town?
*iz Ze Hôtel n**i**re Ze s**è**nnteur ov t**a**oune?*

vers 7h, je pense
around seven o'clock, I think
*eur**a**ounde s**è**veune e-cl**o**que, aï Thinnk*

la clé de la 12, s'il vous plaît
the key for room twelve, please
*Ze k**i** fore roum twouèlve, pl**i**ze*

j'aimerais changer de chambre, la mienne est trop bruyante
I'd like another room, mine is too noisy
*aïde laïke en**o**Zeur roum, maïne iz tou n**oï**zi*

est-ce que je peux avoir une couverture supplémentaire ?
could I have an extra blanket?
*coude aï Hav ann extra bl**a**nnkèt?*

y a-t-il une prise pour le rasoir ?
is there a socket for shavers?
*iz Zèr e s**o**kkèt fore che**ï**veurz?*

la climatisation ne marche pas
the air conditioning isn't working
*Zi èr connd**i**cheuninng **i**zeunte w**eu**rkinng*

il n'y a pas de bonde pour la baignoire
there's no plug for the bath
*Zèrz nô pl**eu**gue fore Ze b**â**TH*

je n'arrive pas à faire marcher la douche
I can't get the shower to work
*aï kante guète Ze ch**â**weur tou w**eu**rk*

pouvez-vous me montrer comment ça marche ?
can you show me how it works?
*kèn you ch**ô** mi Hâo ite w**eu**rkss?*

nous n'avons pas de serviettes de toilette
we don't have any towels
*wi donnte Hav èni t**â**weulz*

il n'y a plus de papier toilette
there's no toilet paper
*Zèrz nô t**oy**lèt p**eï**peur*

Comprendre

there's a hotel that's really nice and not too expensive near...
il y a un hôtel pas trop cher et vraiment bien près de ...

what are you looking for?
qu'est-ce que vous cherchez ?

with or without en-suite bathroom?
une chambre avec ou sans salle de bains ?

no, I'm sorry, we're full
non, je regrette, nous sommes complets

I only have one double room left
il ne me reste qu'une chambre double

how many nights is it for?
c'est pour combien de nuits ?

what's your name, please?
quel est votre nom, s'il vous plaît ?

what time do you think you'll be arriving?
à quelle heure pensez-vous arriver ?

this is the key to the front door and the other one is your room key
celle-là est la clé de la porte d'entrée et l'autre celle de votre chambre

check-out time is midday
les chambres doivent être libérées avant midi

breakfast is served between 7:30 and 9
le petit déjeuner est servi entre 7h30 et 9h

Auberge de jeunesse

Le réseau d'auberges de jeunesse (youth hostels) est très développé en Grande-Bretagne. Vous pouvez les repérer à leur logo triangulaire vert et blanc marqué du sigle **YHA**. Elles se trouvent généralement dans les plus beaux endroits (à l'exception de celles des grandes villes), avec vue imprenable sur la mer ou sur un château … Les **backpackers hostels** offrent le même type de services.

Les auberges de jeunesse sont moins courantes aux États-Unis, et difficilement accessibles si vous n'avez pas de voiture. Il y a cependant un certain nombre d'auberges **YMCA** et **YWCA** dans le centre des grandes villes.

Des deux côtés de l'Atlantique, les universités proposent aux étudiants étrangers, en période de vacances, un certain nombre de chambres en résidence universitaire (**hall of residence**).

S'exprimer

est-ce que je peux laisser mon sac à dos à la réception ?
can I leave my backpack at reception?
*kèn aï **l**iv maï **bâ**kpâk ate ris**è**pcheune?*

je viendrai le récupérer vers 7h
I'll come and get it around seven o'clock
*âl comm ènde guète ite eur**a**ounde s**è**veune e-cl**o**que*

l'évier est bouché
the sink's blocked *Ze sinnkss bl**o**kt*

il n'y a pas d'eau chaude
there's no hot water *Zèrz nô Hotte w**ô**teur*

Comprendre

sheets are provided les draps sont fournis
do you have a membership card? avez-vous une carte de membre ?
the hostel is open again from six o'clock
l'auberge rouvre à 6h

Location

S'exprimer

je cherche quelque chose qui soit près du centre
I'm looking for something close to the centre of town *aïme loukinng fore sommTHinng clôss tou Ze **sè**nnteur ov t**a**oune*

où dois-je prendre/laisser les clés ?
where do I pick up/leave the keys? *ouère dou aï pik eupe/**li**v Ze k**i**z?*

où est le compteur électrique ?
where is the electricity meter? *ouère iz Zi élèct**ri**ssiti m**i**teur?*

est-ce qu'il y a des … de rechange ?
are there any spare…? *âr Zèr èni sp**è**re…?*

où dois-je sortir les poubelles ?
where do I take the bins out? *ouère dou aï teïk Ze binnz **â**oute?*

je suis désolé, j'ai cassé le/la …
I'm sorry, I've broken the… *aïme s**o**ri, aïve br**ô**keun Ze…*

je ne trouve pas le/la …
I can't find the… *aï kante f**aï**nde Ze…*

j'ai fermé la porte en laissant les clés à l'intérieur
I've locked myself out *aïve lokt maïs**è**lf **â**oute*

Comprendre

self-catering avec cuisine
it's fully furnished c'est entièrement meublé
someone will come to clean the house after you leave
il y a quelqu'un qui va passer pour le ménage après votre départ

the price includes heating, electricity and gas
le prix comprend le chauffage, l'électricité et le gaz

Camping

Les campings britanniques sont difficilement accessibles par les transports en commun. Le camping chez l'habitant est largement pratiqué (sur le terrain d'une ferme par exemple).

Les campings aux États-Unis sont très bien aménagés mais, là encore, il faut une voiture pour accéder à la plupart d'entre eux.

S'exprimer

y a-t-il un camping près d'ici ?
is there a campsite near here? *iz Zèr e **camm**pssaïte nire H**i**re?*

je voudrais un emplacement pour une tente pour 2 jours
I'd like a space for one tent for two days
*aïde laïke e speïss fore ouane **tèn**nt fore tou deïz*

est-ce qu'il y a une une cabine téléphonique ?
is there a phone box? *iz Zèr e **fô**nn boxe?*

où sont les poubelles ?
where are the bins? *ouère âr Ze binnz?*

c'est combien par jour ?
how much is it a day? *Hâo meutche iz ite e **deï**?*

je voudrais régler – on était au numéro 62, allée B
I'd like to pay – we were at number 62, row B
*aïde laïke tou **pei**lle – wi weur ate n**o**mmbeur s**i**xti-tou, rôw bi*

est-ce que vous pourriez nous prêter votre … ?
could you lend us your…? *coude you lènnd euss your…?*

Comprendre

don't hesitate to call me if you have any problems
n'hésitez pas à m'appeler si vous avez un problème

it's… a day/ per person and… per tent
c'est … par jour/ par personne et … par tente

bedroom

dining room

bathroom

kitchen

toilet

hallway

living room

BOIRE ET MANGER

Attention, en Grande-Bretagne, les restaurants arrêtent de servir tôt : généralement plus après 14h pour le déjeuner, et plus après 20h (dans les petites villes) ou 22h (dans les grandes villes) pour le dîner. Les restaurants asiatiques (indiens, pakistanais, chinois, etc) sont très répandus et pas chers. Vous pouvez goûter à une cuisine plus traditionnelle dans les pubs. Comme pour les boissons, c'est à vous d'aller passer votre commande au bar (et payer par la même occasion). Des plats végétariens (signalés sur les menus par un **V**), souvent très inventifs, sont proposés à peu près partout. La restauration rapide est également très développée : sandwichs de toutes sortes mais aussi les fameux **fish and chips** (du poisson pané servi avec des frites). Dans les restaurants, à moins que le service soit compris sur la note, on laisse généralement l'équivalent de 10% de pourboire. On ne vous sert généralement pas d'eau, à moins que vous le demandiez.

Aux États-Unis, le choix de restaurants est infini, surtout dans les villes. Dans un certain nombre de restaurants, le même menu est nettement plus cher le soir que le midi. Les portions sont très copieuses et l'on vous sert d'emblée un verre d'eau glacée. Le service n'étant pas compris, il faut laisser un pourboire de 15 à 20% en moyenne. Pour les petits budgets, si vous êtes las des sandwiches, vous pouvez aller dans l'un des nombreux **salad bars** ou **delis**, ou dans un restaurant qui affiche **All you can eat** ("tout ce que vous pouvez manger"), qui propose un buffet à volonté. Certains établissements n'étant pas habilités à vendre de l'alcool affichent l'inscription **BYOD** (**bring your own drink**) aux États-Unis et **BYOB** (**bring your own bottle**) en Grande-Bretagne, ce qui signifie que c'est à vous d'apporter votre propre bouteille si vous le souhaitez.

Pour commencer

addition	*(Br)* bill *bil*, *(Am)* check *tchèk*
apéritif	aperitif *epèretif*
bière	beer *bir*
bouteille	bottle *boteule*

café	coffee *c**o**ffi*
carafe	jug *djeug*
carte *(menu)*	menu *mèniou*
Coca-Cola®	Coke® *côke*
commander	to order *tou **o**rdeur*
déjeuner *(n)*	lunch *leuntch*
déjeuner *(v)*	to have lunch *tou Hav leuntch*
dessert	dessert *diz**eu**rt*
dîner *(n)*	dinner *d**i**neur*
dîner *(v)*	to have dinner *tou Hav d**i**neur*
eau gazeuse	sparkling water *spârkling wôteur*
eau minérale	mineral water *m**i**neureule wôteur*
eau plate	still water *stil w**ô**teur*
entrée	starter *st**â**rteur*
expresso	expresso *expresso*, espresso *espresso*
fromage	cheese *tchiz*
jus de fruit	fruit juice *froutt djiouss*
manger	to eat *tou **i**te*
menu *(carte)*	menu *mèniou*
menu *(formule à prix fixe)*	set menu *sète mèniou*
petit déjeuner	breakfast *br**è**kfeust*
plat	dish *dich*
plat de résistance	main course *meïnn kôrss*
pression	*(Br)* a half-pint of lager *e Hâf-païnte ov l**â**gueu*, *(Am)* a beer *e b**i**r*
sandwich	sandwich *sannwitch*
thé	tea *ti*
verre	glass *glass*
vin rouge/ blanc/ rosé	red/ white/ rosé wine *rèd/ waïte/ rôzé waïne*

S'exprimer

on va manger un bout ?
shall we go and get something to eat?
chèl wi gô ènde guète sommTHinng tou ite?

on va boire un verre ?
shall we go for a drink? *chèl wi gô fore e drinnk?*

on va prendre un café ?
shall we go for a coffee?
*chèl wi gô fore e c**o**ffi?*

est-ce que vous pouvez nous recommander un restaurant ?
could you recommend a restaurant?
*coude you rècomm**è**nnde e **rè**strantt?*

je n'ai pas très faim
I'm not very hungry
*aïme note v**è**ri H**eu**nggri*

j'ai super faim
I'm starving
*aïme st**â**rvinng*

s'il vous plaît ! *(pour appeler le serveur)*
excuse me, please!
*ekskiouz mi pl**i**ze!*

je voudrais un sandwich au thon, s'il vous plaît
I'd like a tuna sandwich, please
*aïde laïke e touna s**a**nnwitch plize*

j'en reprendrai un autre
I'll have the same again
*âl Hav Ze s**eï**mm euguenne*

bon appétit !
enjoy your meal!
*ènndjoye your m**i**l!*

à la tienne/ à la vôtre !
cheers!
tchirz!

tchin-tchin !
cheers!
tchirz!

c'est délicieux
it's delicious
*itss dè**lli**cheuss*

c'était délicieux
it was delicious
*ite waz dè**lli**cheuss*

c'est très gras
it's very greasy
*itss v**è**ri grizi*

c'est trop épicé
it's too spicy
itss tou spaïssi

ce n'est pas assez salé
it doesn't have enough salt
*ite dazeunt Hav inof s**ô**lt*

j'ai trop bu hier
I drank too much yesterday
*aï drannk tou meutche y**è**sstedeï*

est-ce que vous pourriez nous apporter un cendrier ?
could you bring us an ashtray, please?
*coude you brinng mi ann ach-treï pl**i**ze?*

où sont les toilettes, s'il vous plaît ?
where are the *(Br)* toilets/ *(Am)* restrooms, please?
*ouère âr Ze **toy**letss/ **rè**sstroumz pl**i**ze?*

Comprendre

eating in sur place
(Br) **takeaway,** *(Am)* **takeout** à emporter
sorry, we stop serving at ten o'clock
désolé, nous ne servons plus après 10h

Réserver une table

S'exprimer

allô, bonjour, je voudrais réserver une table pour 2 pour demain soir
hello, I'd like to reserve a table for two for tomorrow night
*Héllôw, aïde laïke e **teï**beule fore tou fore toum**ô**rô naïte*

vous n'avez pas de table libre plus tôt ?
you don't have a table available before that?
*you d**ô**nte Hav e **teï**beule euv**eïl**lebeul bif**o**re Zat?*

une table pour 4, s'il vous plaît
a table for four, please *e **teï**beule fore f**o**re, pl**i**ze*

j'ai réservé une table au nom de …
I've reserved a table in the name of…
*aïve riz**eur**vd e **teï**beule ine Ze neïm ov…*

Comprendre

reserved réservé
for what time? pour quelle heure ?
would 8.30 suit you? 8h30, ça vous va ?
what's the name? c'est à quel nom ?
for how many people? vous êtes combien ?
hello, will you be eating? bonjour, c'est pour manger ?
have you reserved a table? est-ce que vous avez réservé ?
we're full at the moment nous sommes complets pour le moment

if you could wait a quarter of an hour until a table becomes available…
si vous pouvez attendre un quart d'heure qu'une table se libère …

Commander à manger

S'exprimer

qu'est-ce que vous nous recommandez ?
what do you recommend?
*ouate dou you rècom**è**nde?*

oui, on a choisi
yes, we're ready to order
*yèss, w**i**r r**è**di tou **o**rdeur*

non, pas encore
no, not just yet *nô, note djeust yèt*

je voudrais ...
I'd like... *aïde laïke...*

on va prendre deux menus
we'll both have the set menu
*wil bôTH Hav Ze sèt m**è**niou*

pour moi, ça sera ... et ...
I'll have... and...
âl Hav... ènde...

... mais sans ...
... but without... ...
*beute wiZ**â**oute...*

moi, je ne sais pas, c'est quoi "shepherd's pie" ?
I'm not sure, what's "shepherd's pie"?
*aïme note ch**ou**re, ouatss ch**è**peurdss paille?*

je vais prendre ça alors
I'll take that, then
âl teïke Zat, Zènn

quel est le plat du jour ?
what's today's special?
*ouatss toud**eï**z sp**è**cheul?*

juste de l'eau (plate), s'il vous plaît
just some (still) water, please
*djeust somm (stil) w**ô**teur, pl**i**ze*

une grande carafe d'eau
a large jug of water
e lardje djeug ov wôteur

une demi-bouteille de vin rouge
a half-bottle of red wine *e Half boteule ov rèd waïne*

on va partager – est-ce que vous pouvez nous apporter 2 assiettes ?
we're going to share it – could you bring us two plates?
wir goïne tou chèr-ite – coude you brinng-euss tou plaïtss?

ce n'est pas ce que j'ai commandé, j'avais demandé …
this isn't what I ordered, I asked for…
Zis izeunt ouate aï ordeurd, aï asskt fore…

est-ce qu'on peut avoir encore du pain ?
could we have some more bread?
coude wi Hav somm mor brèd?

est-ce que vous pourriez nous apporter une autre carafe d'eau ?
could you bring us another jug of water?
coude you brinng-euss enoZeur djeug ov wôteur?

qu'est-ce que vous avez comme desserts ?
what desserts do you have?
ouate dizeurtss dou you Hav?

Comprendre

are you ready to order?	vous avez choisi ?
I'll come back in a moment	je vous laisse choisir et je reviens
it's a type of stew made from…	c'est une sorte de ragoût de …
sorry, we don't have any more…	désolé(e), nous n'avons plus de …
and what would you like to drink?	et comme boisson ?
would you like a dessert?	désirez-vous un dessert ?

Au café

Véritable institution en Grande-Bretagne, les **pubs** ont des horaires d'ouverture très stricts : de 11h à 23h (22h30 le dimanche), sauf en Écosse où ils restent ouverts jusqu'à minuit. On commande directement au bar, et paye par la même occasion. L'équivalent d'un demi se dit **half a pint** et le double **a pint**. Une **lager** correspond à une bière blonde. Une **bitter** correspond plus ou moins à une bière rousse, une **brown ale** à une bière brune et une **stout** à une bière brune avec de la mousse (la **Guinness** est la plus connue). Moins traditionnels, les **wine bars** sont cependant de plus en plus nombreux.

La consommation d'alcool étant très réglementée aux États-Unis, il faut avoir minimum 21 ans et présenter sa carte d'identité. Les bières américaines (**Budweiser**, **Miller**, **Coors**, etc) sont généralement plus légères que les marques européennes. Le vin est surtout proposé dans les **wineries**.

Les **coffee bars**, représentés notamment par les chaînes **Starbucks** et **Costa**, sont très populaires en Grande-Bretagne et aux États-Unis. On peut y commander toutes sortes de cafés : **espresso**, **latte**, **cappuccino**, **macchiato**, etc. Vous pourrez accompagner votre boisson de sirops aux parfums variés ou de crème chantilly (**whipped cream**). Si vous voulez du lait écrémé dans votre café, commandez un **skinny**. Le choix est plus restreint dans les pubs, où l'on vous servira seulement du **filter coffee**.

S'exprimer

qu'est-ce que tu prends ?
what are you having? *ouate âr you H**a**vinng?*

je t'offre un verre
I'll buy you a drink *âl baille you e drinnk*

non, cette fois c'est pour moi
no, I'll pay this time *nô, âl peille Ziss taïme*

je vais prendre …
I'll have…
âl Hav…

je voudrais …
I'd like…
aïde laïke…

un Coca-Cola® sans glaçons, s'il vous plaît
a Coke® without ice, please *e côke wiZ**a**oute **aï**sse, pl**i**ze*

un Coca light® avec beaucoup de glaçons
a Diet Coke® with lots of ice *e d**a**yeute côke wiv lotss ov **aï**sse*

un petit verre de vin blanc sec
a small glass of dry white wine *e smôl glass ov draï waïte waïne*

une pression
(Br) a half-pint of lager/ *(Am)* a beer *e Hâlf-païnte ov l**â**gueu/ e b**i**r*

un thé avec une rondelle de citron
a cup of tea with lemon *e keupe ov **ti** wiv l**è**meune*

la même chose pour moi
I'll have the same
*âl Hav Ze s**eï**mm*

et un verre d'eau, s'il vous
and a glass of water, please
*ènde e glass ov w**ô**teur, pl**i**ze*

un autre Coca®, s'il plaît vous plaît
another Coke®, please *en**o**Zeur côke, pl**i**ze*

Comprendre

(non) alcoholic (non) alcoolisé
what would you like? qu'est-ce que vous prenez ?
this is a no-smoking area c'est un espace non-fumeur, ici

last orders, please, we're closing in ten minutes
veuillez passer votre dernière commande, on ferme dans 10 minutes

Quelques expressions familières

to be plastered être bourré
to have a hangover avoir la gueule de bois

L'addition

S'exprimer

l'addition, s'il vous plaît
could I have the *(Br)* bill/ *(Am)* check, please?
*coude aï Hav Ze b**i**l/ Ze tchèk, pl**i**ze?*

est-ce que je peux payer avec ma carte Visa® ?
can I pay by Visa®?
kèn aï peille baille viza?

je crois qu'il y a une erreur dans l'addition
I think there's a mistake in the *(Br)* bill/ *(Am)* check
aï THinnk Zèrz e misteïk inn Ze bil/ tchèk

je vous dois combien ?
how much do I owe you?
Hâo meutche dou aï ôw you?

le service est-il compris ?
is the service included?
iz Ze seurviss inncloudeud?

Comprendre

are you all paying together? vous réglez tout ensemble ?
can you sign here, please? je vais vous demander de signer là

LA CUISINE

Comprendre

à la mode *(Am)*	(servi) avec de la crème glacée
baked	cuit au four
barbecued	grillé au charbon de bois
boiled	cuit à l'eau, bouilli
braised	braisé, à l'étuvée
breaded, in breadcrumbs	pané
broiled *(Am)*	cuit au grill
browned	doré
charbroiled *(Am)*	grillé au charbon de bois
chargrilled *(Br)*	grillé au charbon de bois
chopped	en morceaux
cold	frais, froid
creamed	à la crème
creamed potatoes	purée de pommes de terre
diced	coupé en morceaux
dried	séché
fried	frit
grilled *(Br)*	cuit au grill
hot	épicé
mashed	en purée
medium	à point
melted	fondu
oven-baked	cuit au four
over easy	cuit sur les deux côtés
pan-fried	sauté
puréed	en purée
rare	saignant
roast	rôti
sautéd	sauté
sliced	en tranches
smoked	fumé
spicy	épicé
stir-fried	sauté
stuffed	farci
sunny side up	sur le plat
well done	bien cuit

accompaniments accompagnements

Boston baked beans — haricots blancs au lard
bubble and squeak — plat à base de pommes de terre et de choux, servi réchauffé
cauliflower cheese — chou-fleur en gratin
champ — plat à base de purée de pommes de terre et de ciboule ou de poireaux
clapshot — plat à base de purée de pommes de terre, de ciboule et de rutabaga
colcannon — plat à base de purée de pommes de terre et de chou
dumplings — boulettes de pâte
game chips — frites fines
mushy peas — purée de petits pois

breakfast petit déjeuner

eggs benedict — œufs pochés servis sur des muffins, accompagnés d'une tranche de jambon et d'une sauce hollandaise
eggs florentine — œufs pochés servis sur des muffins, accompagnés d'épinards et d'une sauce hollandaise
French toast — pain perdu
grits *(Am)* — gruau de maïs
hash browns — pommes de terre râpées et sautées
home fries *(Am)* — pommes de terre sautées non pelées
kedgeree — riz pilaf au poisson fumé et aux œufs durs

cakes, biscuits and confectionery gâteaux, biscuits et confiseries

angel food cake — gâteau de Savoie
apple popover *(Am)* — chausson aux pommes
apple turnover *(Br)* — chausson aux pommes
bear claw — chausson aux fruits portant sur le dessus des incisions semblables à des griffes d'ours
blueberry muffin — muffin aux myrtilles

brandy snap	cigarette russe au gingembre
carrot cake	gâteau aux carottes
chocolate cake	gâteau au chocolat
chocolate chip cookie	cookie aux pépites de chocolat
devil's food cake	gâteau au chocolat noir
fudge doughnut	beignet au caramel
jam doughnut	beignet à la confiture

● **desserts** desserts

apple pie *(Am)*	tarte aux pommes
apple strudel	strudel aux pommes
apple tart *(Br)*	tarte aux pommes
Baked Alaska	omelette norvégienne
Bakewell tart	fond de tarte fourré au biscuit de Savoie, à la confiture et à la pâte d'amandes
banoffee pie	sorte de gâteau à la banane et au caramel
Boston cream pie	gâteau recouvert de chocolat accompagné d'une crème anglaise
bread and butter pudding	pudding au pain
cheesecake	gâteau au fromage (blanc)
cobbler *(Am)*	dessert composé de fruits recouverts d'une couche de pâte
crumble *(Br)*	dessert composé de fruits recouverts d'une couche de pâte
fruit salad	salade de fruits
lemon meringue pie	tarte au citron meringuée
pecan pie	tarte aux noix de pecan
pumpkin pie	tarte au potiron
rice pudding	riz au lait
steamed pudding	pudding cuit à la vapeur
sticky toffee pudding	pudding au caramel cuit à la vapeur
strawberry shortcake	tarte sablée aux fraises
sundae	coupe de glace aux fruits et à la crème chantilly
trifle	dessert où alternent une couche de génoise imbibée d'alcool et de fruits en gelée et une couche de crème anglaise, et recouvert de chantilly

main courses plats de résistance

bangers and mash	saucisses-purée
beef olives	chair à saucisse enrobée de fines tranches de bœuf, cuite à la cocotte
beef wellington	bœuf en croûte
chicken-fried steak *(Am)*	steak pané
Cornish pasty	chausson à la viande et aux légumes
coronation chicken	morceaux de poulet froid à la mayonnaise parfumée au curry
fish and chips	poisson-frites
game pie	sorte de tourte au gibier
meatballs	boulettes de viande
meatloaf	pain de viande
mixed grill	assortiment de grillades
pork pie	paté en croûte à la viande de porc
pot pie *(Am)*	tourte à la viande et aux légumes
pot roast	rôti à la cocotte
shepherd's pie	hachis Parmentier
toad in the hole	plat composé de saucisses cuites au four dans une sorte de pâte à crêpes

salads and dressings salades et assaisonnements

blue cheese dressing	sauce au bleu
Caesar salad	salade romaine agrémentée de croûtons, de parmesan et assaisonnée d'une vinaigrette additionnée d'œuf et d'anchois
chef's salad	salade à base de poulet, de jambon et de fromage
cobb salad	salade à base d'œufs durs, de bacon et de poulet
French dressing	vinaigrette
green salad	salade verte
mixed salad	salade composée
potato salad	salade de pommes de terre
Russian dressing	vinaigrette relevée au piment
Thousand Island dressing	sauce à base de mayonnaise, de ketchup et de cornichons hachés

Waldorf salad	salade composée de pommes, de céleri et de noix, assaisonnée avec de la mayonnaise

● sandwiches sandwiches

BLT	sandwich avec du bacon, de la laitue et de la tomate
club sandwich	sandwich mixte à trois couches
dagwood sandwich *(Am)*	gros sandwich avec de la viande, du fromage etc.
grinder *(Am)*	sorte de gros sandwich
hero *(Am)*	sorte de gros sandwich
hoagy *(Am)*	sorte de gros sandwich
po'boy *(Am)*	gros sandwich typique de la Nouvelle Orléans
Reuben *(Am)*	sandwich chaud au pastrami, corned beef, fromage et choucroute
sub(marine)	gros sandwich mixte de forme allongée
toasted sandwich, toastie	sandwich grillé
Welsh rarebit	sorte de toast au fromage

● snacks sur le pouce

beans on toast	haricots blancs servis sur une tranche de pain grillé
buffalo wings	ailes de poulet frites
chilli dog	hot dog au chili con carne
corn chip *(Am)*	tortilla *(chips)*
corn dog *(Am)*	saucisse de Francfort enrobée de farine de maïs, frite et servie sur un bâtonnet
garlic bread	pain chaud au beurre d'ail
ploughman's lunch	assiette de fromage, de pain et de pickles
potato skins	pommes de terres cuites au four évidées puis garnies
sloppy joe *(Am)*	hamburger
tuna melt	sandwich au thon recouvert de fromage fondu

soups soupes

chowder potage épais contenant du poisson ou des fruits de mer, souvent des palourdes
cock-a-leekie soup soupe au poulet et aux poireaux
gumbo soupe épaisse aux fruits de mer
lobster bisque bisque de homard
Scotch broth soupe à base de légumes et d'orge perlé

glossaire de l'alimentation

alcopop prémix
allspice poivre de la Jamaïque
almond amande
anchovy anchois
apple pomme
apricot abricot
artichoke artichaut
arugula *(Am)* roquette
asparagus asperge(s)
avocado avocat
bagel petit pain en couronne
baked beans haricots blancs en sauce
baked potato pomme de terre en robe de chambre
baloney *(Am)* saucisse à base de bœuf, veau et porc, mangée froide
banana banane
barley orge
barley water sirop à base d'orge généralement parfumé au citron ou à l'orange
basil basilic
bay leaf feuille de laurier
beansprout germe de soja
beef bœuf
beef jerky *(Am)* bœuf séché
beer bière
beet *(Am)* betterave
beetroot *(Br)* betterave
bell pepper *(Am)* poivron
biscuit biscuit, *(Am)* petit gâteau que l'on mange avec de la confiture ou avec un plat salé
bitter lemon Schweppes® au citron
bittersweet chocolate *(Am)* chocolat noir
blackberry mûre
blackcurrant cassis
black coffee café noir, express
black pepper poivre noir
black pudding boudin noir
blueberry myrtille
blue cheese bleu
boiled egg œuf à la coque
bologna *(Am)* = baloney
Bombay mix mélange apéritif épicé composé de cacahouètes et de lentilles
brandy cognac
Brazil nut noix du Brésil
bread pain
breadstick gressin
broad beans fèves
broccoli brocolis
brown sugar sucre roux
Brussels sprouts choux de Bruxelles

Buck's fizz cocktail composé de champagne et de jus d'orange
buckwheat sarrasin
burger hamburger
butter beurre
butter bean haricot beurre
cabbage chou
candy *(Am)* bonbon
candy bar *(Am)* barre chocolatée
caper câpre
carrot carotte
cashew nut noix de cajou
cauliflower chou-fleur
cayenne pepper poivre de Cayenne
celeriac céléri-rave
celery céléri
cereal céréales
chard blette
cheese fromage
cheese spread fromage à tartiner
cherry cerise
chestnut marron
chicken poulet
chicken breast blanc de poulet
chicken leg cuisse de poulet
chicken liver foie de volaille
chicken thigh cuisse de poulet
chicken wings ailes de poulet
chickpea pois chiche
chilli *(légume)* piment; *(plat)* chili con carne
chips *(Br)* frites, *(Am)* chips
chives ciboulette
chocolate chocolat
chocolate bar *(Br)* barre chocolatée
chop côtelette
cider *(Br)* cidre, *(Am)* jus de pommes
cilantro *(Am)* coriandre
cinnamon cannelle
clam palourde
clotted cream crème fraîche très épaisse
cloves clous de girofle
club soda *(Am)* eau de Seltz
cockle coque
coconut noix de coco
cod morue
coffee café
Coke® Coca®
coleslaw salade de chou cru à la mayonnaise
cookie biscuit
coriander coriandre
corn maïs
cornbread pain à la farine de maïs
cornflour fécule de maïs
corn on the cob épi de maïs
corn pone *(Am)* pain de maïs
corn salad mâche
cos lettuce *(Br)* romaine
cottage cheese fromage blanc égoutté
courgette *(Br)* courgette
crab crabe
cracker biscuit salé
cranberry canneberge (baie rouge au goût acidulé)
cranberry juice jus de canneberge
cress variété de cresson
crisps *(Br)* chips
crumpet *(Br)* galette épaisse qu'on mange chaude et beurrée
cucumber concombre
currant raisin de Corinthe
custard sorte de crème anglaise
cutlet côtelette
Danish pastry sorte de pâtisserie fourrée
date datte
decaf déca
demerara sugar cassonade

Diet Coke® Coca Light®
digestive biscuit *(Br)* biscuit sablé
dill aneth
dip sauce dans laquelle on trempe les crudités, chips, etc.
donut *(Am)* beignet
double cream *(Br)* sorte de crème fraîche épaisse
doughnut *(Br)* beignet
Dover sole sole
drink boisson
Dublin Bay prawn langoustine
duck canard
eggnog lait de poule alcoolisé
eggplant *(Am)* aubergine
endive frisée, endive
espresso express
fava bean *(Am)* fève
fennel fenouil
fig figue
fillet filet
fillet steak filet de bœuf
fishcake croquette de poisson
flaky pastry *(Br)* pâte feuilletée
flapjack *(Br)* biscuit à l'avoine, *(Am)* petite crêpe épaisse
flour farine
frankfurter saucisse de Francfort
French fries frites
French toast pain perdu
fried egg œuf sur le plat
fries frites
fritter beignet
frozen yoghurt yaourt glacé
fruit fruit
fruit juice jus de fruit
fudge caramel
game gibier
gammon jambon fumé
garlic ail
gherkin cornichon
ginger gingembre
ginger ale boisson gazeuse aux extraits de gingembre pouvant servir à couper un alcool
ginger beer limonade au gingembre
gingerbread pain d'épices
ginger nut, ginger snap biscuit au gingembre
goat's cheese fromage de chèvre
goose oie
gooseberry groseille à maquereau
graham cracker *(Am)* biscuit rond légèrement sucré
grape raisin
grapefruit pamplemousse
grapefruit juice jus de pamplemousse
gravadlax, gravlax saumon fumé mariné dans un mélange d'épices, de sel et de sucre
gravy sauce au jus de viande
Greek yoghurt yaourt grec
green bean haricot vert
green pepper poivron vert
ground beef *(Am)* steak haché
guava goyave
guinea fowl pintade
haddock aiglefin
hake merlu
half-and-half *(Am)* mélange de crème et de lait (pour le café)
halibut flétan
ham jambon
hard-boiled egg œuf dur
hard cider *(Am)* cidre
hazelnut noisette
heavy cream *(Am)* sorte de crème fraîche épaisse
herbal tea tisane
herbs fines herbes
herring hareng
honey miel

honeydew melon melon d'Espagne
horseradish raifort
hot chocolate chocolat chaud
ice cream glace
jacket potato pomme de terre en robe de chambre
jam confiture
jelly *(Br)* gelée, *(Am)* confiture
Jerusalem artichoke topinambour
John Dory saint-pierre
kale chou frisé
kebab brochette
kidney rognon
kipper hareng fumé
lager bière blonde
lamb agneau
latte café crème
leek poireau
lemon citron
lemonade limonade
lemon sole limande-sole
lentils lentilles
lettuce laitue, salade
light cream *(Am)* crème liquide
lime citron vert
lime cordial sirop de citron vert
liver foie
lobster homard
lox *(Am)* saumon fumé
lychee litchi
macadamia nut noix de macadamia
macaroon macaron
mackerel maquereau
malted *(Am)* milkshake à base de lait malté
mangetout *(Br)* mange-tout
mango mangue
maple syrup sirop d'érable
marjoram marjolaine
marmalade confiture d'oranges
marrow courge
marshmallow guimauve
marzipan pâte d'amandes
mash, mashed potatoes purée de pommes de terre
meat viande
milk lait
milk chocolate chocolat au lait
milkshake milk-shake
mince *(Br)* steak haché
mincemeat *(garniture)* mélange de fruits secs et d'épices ; *(viande)* steak haché
mineral water eau minérale
mint menthe
monkfish lotte
muffin muffin (petit pain rond qu'on mange toasté et beurré)
mulled wine vin chaud épicé
mushroom champignon
mussels moules
mustard moutarde
noodles nouilles
nuts terme générique pour désigner les fruits secs tels que noix, noisettes, pistaches, etc
nutmeg noix de muscade
octopus poulpe
offal abats
oil huile
okra gombo
olive olive
olive oil huile d'olive
onion oignon
onion rings beignets d'oignons en rondelles
orange orange
orange juice jus d'orange
oregano origan
oxtail queue de bœuf
oyster huître
pancake *(mince)* crêpe ; *(épais)* sorte de petite galette épaisse

papaya papaye
Parma ham jambon de Parme
parsley persil
parsnip panais (légume blanc en forme de carotte)
partridge perdrix
passion fruit fruit de la passion
pasta pâtes
pea petit pois
peach pêche
peanut cacahouète
peanut butter beurre de cacahouètes
pear poire
pecan noix de pecan
pesto pistou
pheasant faisan
pickles petits morceaux de légumes macérés dans du vinaigre
pie tourte
pineapple ananas
pistachio pistache
plaice carrelet
plain chocolate *(Br)* chocolat noir
plum prune
poached egg œuf poché
pork porc
port porto
porterhouse *(Am)* châteaubriand
potato chips *(Am)* chips
pot pie *(Am)* tourte à la viande et aux légumes
prawn crevette
prawn cocktail entrée de crevettes à la mayonnaise
pretzel bretzel
prune pruneau
pudding *(Br)* dessert
puff paste *(Am)* pâte feuilletée
puff pastry *(Br)* pâte feuilletée
pulses légumineuses
pumpkin potiron
rabbit lapin
raisin raisin sec
raspberry framboise
redcurrant groseille (rouge)
red mullet rouget barbet
red pepper poivron rouge
red snapper vivanneau
rhubarb rhubarbe
rice riz
roast beef rosbif
roast chicken poulet rôti
roast lamb rôti d'agneau
roast pork rôti de porc
roast potato pomme de terre rôtie au four
rocket roquette
roll petit pain rond
romaine *(Am)* romaine
root beer *(Am)* boisson gazeuse à base d'extraits végétaux
rosemary romarin
rum rhum
rump steak romsteck
runner bean haricot d'Espagne
saffron safran
sage sauge
salad salade
salmon saumon
satsuma *(Br)* type de mandarine
sauerkraut choucroute
sausage saucisse, saucisson
scallion *(Am)* oignon blanc
scallop coquille Saint-Jacques
scone sorte de pain au lait rond qu'on mange avec du beurre et de la confiture
scotch whisky, Scotch
scrambled eggs œufs brouillés
sea bass bar, loup
sea bream daurade
semi-skimmed milk *(Br)* lait demi-écrémé

shallot échalote
shandy panaché
sherbet *(Am)* sorbet
shortbread, shortcake sablé au beurre
shortcrust pastry pâte brisée
shrimp crevette
single cream crème liquide
sirloin steak bifteck dans l'aloyau
skate raie
skim milk *(Am)* lait écrémé
skimmed milk *(Br)* lait écrémé
smoked salmon saumon fumé
smoothie boisson à base de jus de fruit mélangé à du yaourt ou à du lait
snow pea *(Am)* mange-tout
soda water eau de Seltz
soft drink boisson non-alcoolisée
sour(ed) cream crème aigre
soy sauce sauce de soja
spare ribs travers de porc
sparkling pétillant, mousseux
spice épice
spinach épinards
spring onion oignon blanc
squash *(légume)* courge ; (boisson) sirop
squid calamar(s)
stew ragoût
stir-fry sauté
stock bouillon
strawberry fraise
streaky bacon bacon entrelardé
string bean haricot vert
stuffing farce
sugar sucre
sugar pea mange-tout
sultana raisin de Smyrne
swede *(Br)* rutabaga
sweetcorn maïs
sweet potato patate douce
swordfish espadon
tangerine mandarine
tarragon estragon
T-bone steak steak dans l'aloyau
tea thé
tenderloin filet
thyme thym
toffee caramel
tomato tomate
tomato juice jus de tomate
tonic (water) Schweppes®
trout truite
truffle truffe
tuna thon
turkey dinde
Turkish delight loukoum
turmeric curcuma
turnip navet
vanilla vanille
veal veau
venison venaison, chevreuil
vinegar vinaigre
wafer gaufrette
waffle gaufre
walnut noix
water eau
watercress cresson
watermelon pastèque
whisky *(Br)* whisky, *(Am)* bourbon
whitebait petite friture
white pepper poivre blanc
wine vin
wood pigeon ramier
wrap tortilla fourrée
yam *(Am)* patate douce
yellow pepper poivron jaune
yoghurt yaourt
Yorkshire pudding épaisse crêpe salée, traditionnellement servie avec du rôti de bœuf
zucchini *(Am)* courgette

LE PETIT DÉJEUNER

bagel

cheese

marmelade

milk

coffee

scones

tea

jam

muffins

hot chocolate

cereal

scrambled eggs

shortbread

peanut butter

cookies

doughnuts

honey

pancakes

cupcake

brownies

milkshake

smoothies

LES FRUITS ET LÉGUMES

SORTIR

Vous trouverez une mine d'informations sur ce qu'il y a à faire à Londres dans le magazine culturel **Time Out** qui sort le mardi : expositions, spectacles, restaurants, boîtes de nuit, etc. Les discothèques britanniques sont ouvertes jusqu'à 2h ou 3h du matin (plus tard à Londres).

À New-York, achetez le **Time Out New York** ou procurez-vous le **Village Voice**, qui est gratuit. Le cinéma est très bon marché aux États-Unis mais les petites villes n'ont souvent pas de cinéma en centre-ville et il vous faudra sans doute aller dans la périphérie pour trouver un **multiplex**. Les discothèques aux États-Unis ferment généralement à une heure du matin (plus tard dans les grandes villes) ; l'âge minimum requis est 21 ans.

Pour commencer

bar	bar *bâr*
boîte de nuit	(night)club *(n**aï**te)cleube*
cinéma *(genre)*	*(Br)* cinema *c**i**néma*, *(Am)* movies *m**ou**viz*
cinéma *(lieu)*	*(Br)* cinema *c**i**néma*, *(Am)* movie theater *mouvi THi**a**teur*
cirque	circus *s**eu**rkseuss*
concert de rock/ jazz/ pop	rock/ jazz/ pop concert *rock/ djâzz/ pope c**o**nnsseurte*
danse classique	ballet *b**â**lè*
danse contemporaine	modern dance *m**o**deurn d**a**nnss*
festival	festival *f**è**stiveul*
film	film *film*, movie *mouvi*
folklorique	folk *f**ô**k*, traditional *trad**i**cheuneul*
groupe *(de musique)*	group *groupp*, band *bènnd*
musique classique	classical music *classikeul mi**ou**zik*
musique traditionnelle	traditional music *trad**i**cheuneul mi**ou**zik*
réserver (par téléphone)	to book (by phone) *tou bouk (baille fôn)*
soirée *(organisée)*	party *p**â**rti*
sortir	to go out *tou gô **a**oute*
spectacle	show *chôw*

théâtre theatre *THiateur*
ticket ticket *tikèt*
VO sous titrée subtitled *seubtaïteuld*

Proposer, inviter

S'exprimer

où est-ce qu'on peut aller ?
where can we go?
ouère kèn wi gô?

on va prendre un verre ?
shall we go for a drink?
chèl wi gô fore e drinnk?

ça te dit d'aller … ?
how about going…?
Hâo eubaoute goïne…?

qu'est-ce que tu veux faire ?
what do you want to do?
ouate dou you ouante tou dou?

qu'est-ce que tu fais ce soir ?
what are you doing tonight?
ouate âr you douïnng tounaïte?

tu as quelque chose de prévu ?
have you anything planned?
Hav you ènifinng plannd?

aujourd'hui je ne peux pas mais un autre jour si tu veux
I can't today but we can make it another day if you like *aï kante toudeï beute wi kèn meïk-kite enoZeur deï ife you laïke*

je ne suis pas sûr de pouvoir
I'm not sure I can make it
aïme note choure aï kèn meïk-kite

avec plaisir
that would be good
Zat woude bi goude

Se retrouver

S'exprimer

est-ce qu'on ne pourrait pas se retrouver un peu plus tard ?
could we meet a bit later? *coude wi mite e bite leïteur?*

je dois rejoindre … à 9h
I have to meet… at nine o'clock
aï Hav tou mite…
ate naïne e-cloque

à demain soir
see you tomorrow night
si you toumôrô naïte

on se retrouve où ?
where shall we meet?
ouère chèl wi mite?

on se retrouve à quelle heure ?
what time shall we meet?
ouate taïme chèl wi mite?

je ne sais pas où c'est mais je trouverai sur la carte
I don't know where it is but I'll find it on the map *aï donnte nô ouère ite iz beute âl faïnde ite onn Ze mâp*

je vous rejoindrai plus tard
I'll meet you later *âl mite you leïteur*

tu auras mangé avant ?
will you have already eaten?
wil you Hav ôlrèdi iteun?

désolé d'être en retard
sorry I'm late
sori aïme leïte

Comprendre

is that OK with you? est-ce que ça te va ?
we'll meet in front of... on se retrouve devant ...

I'll come and pick you up around 8 o'clock
je passerai te chercher vers 8h

we'll just meet there
on se rejoint directement là-bas

I'll give you my number, just call me tomorrow
je vais te donner mon numéro, tu n'as qu'à m'appeler demain

Quelques expressions familières

(Br) **to go on a pub crawl,** *(Am)* **to go bar-hopping**
faire la tournée des bars
to have a bite to eat manger un bout
the ads les pubs

Cinéma, spectacles, concerts

S'exprimer

est-ce qu'il y a un guide des spectacles ?
is there a listings magazine?
iz Zèr e listinngz mâgueuzine?

je voudrais 3 places pour ...
I'd like three tickets for... *aïde laïke THri tikètss fore...*

2 tickets, s'il vous plaît
two tickets, please *tou tikètss, plize*

c'est une actrice connue mais je ne me souviens plus de son nom
she's a famous actress but I can't remember her name *chiz e feïmeuss actress beute aï kante rimèmmbeur Heur neïme*

il joue dans ce film
he's in this film
Hiz inn Ziss film

ça s'appelle …
it's called…
itss côld…

je l'ai déjà vu en France, c'est pas mal
I already saw it in France, it's not bad *aï ôlrèdi sôw ite inn franss, itss note bâde*

j'en ai entendu parler, il paraît que c'est …
I've heard of it, it's apparently… *aïve Heurde ov-ite, itss eupareuntli…*

à quelle heure est la séance ? et le film ?
what time does the *(Br)* programme/ *(Am)* program start? what about the film? *ouate taïme daz Ze prôgramm starte? ouate eubaoute Ze film?*

j'aimerais bien aller voir un spectacle
I'd like to go to a show *aïde laïke tou gô tou e chôw*

je vais passer voir s'il reste des places
I'll call in and see if there are any tickets left
âl côl-line ènde si iff Zèr âr èni tikètss lèfte

ça joue jusqu'à quand ?
how long is it on for? *Hâo longue iz ite onn fore?*

est-ce qu'il faut réserver à l'avance ?
do you have to book in advance? *dou you Hav tou bouk inn eudvanss?*

est-ce qu'il reste des places un autre jour ?
are there any tickets left for a different day?
âr Zèr èni tikètss lèfte fore e diffreunt deï?

j'aimerais bien aller à un concert dans un café
I'd like to go and see some live music in a bar *aïde laïke tou gô ènde si somme laïve miouzik inn e bâr*

est-ce qu'il y a des concerts gratuits ?
are there any free concerts? *âr Zèr èni fri connsseurtss?*

c'est quel genre de musique ?
what kind of music is it? *ouate kaïnde ov miouzik iz ite?*

je n'aime pas beaucoup ce type de musique
I don't like that type of music much
aï donnte laïke Zat taïpe ov miouzik meutche

Comprendre

arthouse cinema	cinéma d'art et d'essai
blockbuster	grosse production, film commercial
on general release from…	sortie le …
reservations	réservations
restricted view	place sans visibilité
ticket office	billetterie

there's a classical music concert in the church
il y a un concert de musique classique dans l'église

it's an open-air concert c'est un concert en plein air

it's out next week ça sort la semaine prochaine

it's had some very good reviews
il y a de très bonnes critiques

it's on at eight o'clock at the Odeon
ça joue à 8h à l'Odeon

it's fully booked until… c'est complet jusqu'au …
this showing is sold out il n'y a plus de places pour cette séance

it's best to turn up a quarter of an hour early
il est conseillé de venir un quart d'heure avant

the tickets are on sale at the door, half an hour before the show starts
les places sont vendues à l'entrée, une demi-heure avant le spectacle

it's not worth booking in advance
ce n'est pas la peine de réserver à l'avance

the play lasts for an hour and a half, including the *(Br)* **interval/** *(Am)* **intermission**
la pièce dure une heure et demie avec entracte

please switch off your mobile phone
prière d'éteindre votre portable

Fêtes, soirées, discothèques

S'exprimer

j'organise une petite soirée pour mon départ
I'm planning a little party since I'm leaving
*aïme pl**a**nninng e liteul p**â**rti sinnss aïme l**i**vinng*

est-ce qu'il faut apporter quelque chose à boire ?
do we need to take something to drink?
dou wi nide tou teïke sommTHinng tou drinnk?

on pourrait aller en boîte après
we can go to a club afterwards
*wi kèn gô tou e cleub **â**fteuweurdz*

l'entrée est payante ?
do you have to pay to get in?
dou you Hav tou peille tou guète inn?

je dois retrouver quelqu'un à l'intérieur
I need to meet someone inside
*aï nide tou mite sommouane innsa**ï**de*

merci, mais je suis avec mon copain
thanks, but I'm with my boyfriend
THènxe, beute aïme wiv maï boïfrènde

je danse comme un pied
I can't dance to save myself
*aï kante d**an**nss tou seïve maïss**è**lf*

non merci, je ne fume pas
no thanks, I don't smoke
*no TH**è**nxe, aï donnte sm**ô**ke*

Comprendre

cloakroom	vestiaire
funfair	fête foraine
open air	en plein air
parade	défilé
there's a party at her place	il y a une soirée chez elle
can I buy you a drink?	je t'offre quelque chose à boire ?
do you have a light?	est-ce que tu aurais du feu ?
do you want to dance?	tu veux danser ?
could I have a cigarette?	est-ce que tu aurais une cigarette ?
you're gorgeous	tu es très belle
can I see you home?	je peux vous raccompagner ?
could we see each other again?	on peut se revoir ?

VISITES TOURISTIQUES

Les offices du tourisme (**Tourist Information Centres**) britanniques offrent de nombreux services : conseils, cartes (gratuites et payantes), réservations, etc. Aux États-Unis, le réseau de **Tourist Information Centers** est moins développé. Dans les parcs nationaux, le **Visitors' Center** qui est à l'entrée propose des visites, des cartes, et toute une série de renseignements utiles.

Pour commencer

ancien	ancient *ènncheunt*
antique	antique *anntik*
art contemporain *ârte*	contemporary art *conntèmmporeuri*
art moderne	modern art *modeurn arte*
cathédrale	cathedral *keTHidreul*
centre-ville	*(Br)* town centre *taoune sènnteur*, *(Am)* downtown *daountaoune*
château	castle *kâsseul*
église	church *tcheurtch*
exposition	exhibition *exibicheun*
galerie	gallery *galeuri*
guide (personne)	guide *gaïde*
musée	museum *miouzieum*
office du tourisme	tourist office *tourist office*
parc	park *pârk*
peinture	painting *peïnntinng*
quartier	area *èri-eu*
ruines	ruins *rounz*
siècle	century *sènntcheuri*
tableau	painting *peïnntinng*
touristique	tourist *tourist*

S'exprimer

je voudrais avoir des renseignements sur ...
I'd like some information on... *aïde laïke somm innformeïcheun onn...*

où est-ce que je peux trouver des informations sur … ?
where can I find information on…?
ouère kèn aï faïnde innformeïcheun onn…?

est-ce que vous auriez un plan de Londres ?
do you have a street map of London?
dou you Hav e strite mâp ov Lonndonn?

on m'a dit qu'il y a une ancienne abbaye qu'on peut visiter
I've heard there's an old abbey that you can visit
aïve Heurde Zèrz ann ôld abi Zat you kèn vizite

vous pouvez me montrer où c'est sur le plan ?
can you show me where it is on the map?
kène you chôw mi ouère ite iz onn Ze mâp?

comment on y va ?
how do I/we get there?
Hâo dou aï/wi guète Zèr?

c'est gratuit ?
is it free? *iz ite fri?*

quand est-ce que ça a été construit ?
when was it built?
ouène waz-zite bilt?

Comprendre

admission free	entrée libre
closed	fermé
Gothic	gothique
guided tour	visite guidée
invasion	invasion
medieval	médiéval
old town	vieille ville
open	ouvert
renovation/ restoration work	travaux de rénovation/restauration
Romanesque	roman
war	guerre
you are here	vous êtes ici *(sur un plan)*

you'll have to ask when you're there
il faut vous renseigner sur place

the chapel dates from the thirteenth century
la chapelle date du treizième siècle

several houses go as far back as the Middle Ages
plusieurs maisons remontent au Moyen-Âge

Musées, expositions et monuments

Les musées nationaux sont gratuits en Grande-Bretagne. Cependant, tout comme pour les cathédrales, les dons sont bienvenus. L'entrée est souvent payante pour les nombreux monuments et sites gérés par l'organisme public **English Heritage** et celui, privé, de la **National Trust**, mais vous pouvez vous procurez un **pass** si vous prévoyez d'en visiter plusieurs. Les musées en Grande-Bretagne sont généralement ouverts de 10h à 17h30 et aux États-Unis de 10h à 16h30.

S'exprimer

il paraît qu'il y a une très bonne expo sur … en ce moment
apparently there's a very good… exhibition at the moment
*eup**a**reuntli Zèrz e v**è**ri goude…exib**i**cheun ate Ze m**ô**meunt*

combien coûte l'entrée ?
how much does it cost to get in?
*Hâo meutche daz ite c**o**ste tou guète inn?*

le ticket est valable aussi pour l'exposition ?
is this ticket valid for the exhibition too?
*iz Ziss tikèt v**â**lidd fore Zi exib**i**cheun tou?*

est-ce qu'il y a des réductions pour les jeunes ?
are there any discounts for young people?
*âr Zèr èni d**i**sscaountss fore yonngue p**i**pole?*

est-ce que c'est ouvert le dimanche ?
is it open on Sundays?
*iz ite ôpeun onn s**eu**nndeïz?*

2 tarifs réduits et un plein tarif
two concessions and one full price
*tou konnss**è**cheunz ènde ouane foul praïss*

j'ai cette carte de mon université
I have this student card
*aï Hav Ziss stio**ou**deunt cârde*

à quelle heure est la prochaine visite guidée ?
when is the next guided tour?
*ouène iz Ze nexte g**aï**deud t**ou**r?*

combien dure la visite ?
how long does the tour last?
*Hâo longue daz Ze t**ou**r lâste?*

Comprendre

audio guide audiophone
no flash photography flash interdit
no photography photos interdites
permanent exhibition exposition permanente
silence, please silence, s'il vous plaît
temporary exhibition exposition temporaire
this way sens de la visite
ticket office billetterie
entry to the museum costs… l'entrée du musée coûte …

this ticket also entitles you to see the exhibition
avec ce ticket, vous avez aussi accès à l'exposition

do you have your student card with you?
vous avez votre carte d'étudiant ?

there is a guided tour in French which starts in five minutes
il y a une visite guidée en français qui commence dans 5 minutes

Impressions

S'exprimer

c'est magnifique
it's magnificent
*itss mag-n**i**fiseunt*

LES ARBRES

ash

fir

birch

poplar

horse chestnut

palm tree

lime

weeping willow

oak

LES FLEURS

thistles
daffodils
violets
tulip
hibiscus
daisies
geranium
clover
pansies
ivy
jasmine
lilac
dandelions
sunflower
lily of the valley
gerbera
lavender
orchid
poppies
iris
rose
buttercups
carnation

ça ne m'a pas tellement plu
I didn't like it that much
*aï dideunte laïke ite Zat m**eu**tche*

je ne suis pas fana d'art contemporain
I'm not a fan of modern art
*aïme note e f**a**nn ov m**o**deurn ârte*

c'est cher pour ce que c'est
it's expensive for what it is
*itss exp**èn**siv fore ouate ite iz*

c'est très touristique
it's very popular with tourists
*itss v**è**ri p**o**piouleur wiv t**ou**ristss*

il y avait énormément de monde
it was extremely crowded
*ite waz èkstr**i**mli cr**ao**dide*

finalement on n'y a pas été, il y avait trop de queue
we didn't go in the end, the queues were too long
*wi dideunte gô inn Zi **è**nde, Ze kiouz ouère tou longue*

on n'a pas eu le temps de tout voir
we didn't have enough time to see everything
*wi dideunte Hav inof t**aï**me tou si **è**vriTHing*

Comprendre

famous	célèbre
picturesque	pittoresque
typical	typique

you absolutely have to go and see...
il faut absolument que vous alliez voir ...

I recommend that you go to...
je vous recommande d'aller à ...

there's a wonderful view across the whole valley
il y a une vue superbe sur toute la vallée

it has become very popular with tourists
c'est devenu très touristique

the coast has been totally ruined
la côte a été complètement défigurée

Mini guide culturel et touristique

Les sites incontournables
à visiter au **ROYAUME-UNI**

Stonehenge

Ce célèbre monument mégalithique fascine par sa beauté et son mystère : ces gigantesques pierres abritaient-elles un observatoire astronomique, un temple, un calendrier... ?

Stratford-upon-Avon

La ville de naissance de Shakespeare. On peut y voir son cottage et sa tombe et y assister à une représentation de la Royal Shakespeare Company.

Windsor Castle

L'une des résidences officielles de la famille royale. À voir : les donjor les appartements royaux la chapelle Saint-George et la maison de poupées de la reine Mary, l'épous de George V !

Au Royaume-Uni

Hadrian's Wall

Un mur de près de 120 km de long et de 4,5 m de haut construit par l'empereur romain Hadrien pour protéger l'Angleterre des invasions écossaises. Il aura fallu 6 ans pour le construire !

Loch Ness

Pour ceux qui aiment les paysages brumeux, les mythes celtiques et le bon whisky, et pour avoir la chance d'apercevoir Nessie, le célèbre monstre du lac.

Giant's Causeway

(la Chaussée des Géants). Selon la légende, ces 40 000 colonnes en basalte ont été construites par un géant d'Irlande du Nord qui voulait en découdre avec son « voisin » écossais.

Les sites incontournables

- **Roman baths,**
Bath, la bien nommée, est célèbre pour ses somptueux thermes romains. Toute la ville est inscrite au patrimoine mondial de l'UNESCO.

- **The White Cliffs of Dover**
Les belles falaises de craie blanche de Douvres sont le premier signe distinctif de l'Angleterre quand on arrive depuis la mer.

À Londres

Retrouvez ces lieux sur la carte en début d'ouvrage

- **Buckingham Palace** CARTE 1 ❶

Petit pied-à-terre de la famille royale à Londres. Si le drapeau flotte au-dessus du Palais, c'est que la reine est à la maison !

Les sites incontournables

• The City

CARTE 1 ❷

Le plus ancien quartier de Londres, aujourd'hui cœur financier de la capitale. On y admire des gratte-ciel remarquables, comme The Gherkin (le Cornichon).

• The London Eye CARTE 1 ❸

C'est l'œil de Londres...la grande roue qui permet de voir jusqu'à 40 km à la ronde. Au premier plan, la Tamise, The Thames.

À Londres

Retrouvez ces lieux sur la carte en début d'ouvrage

- **Tower Bridge** CARTE 1 ❹

C'est la star des cartes postales ou le plus célèbre des 13 ponts londoniens. N'oubliez pas de visiter le Millenium Bridge, beaucoup plus moderne…

- **The Shard**

CARTE 1 ❺

Cet « éclat » gigantesque, inauguré en 2012, offre l'une des plus belles vues sur la capitale. Au premier plan, The Tower of London, où l'on peut admirer les joyaux de la Couronne.

À Londres

Westminster

CARTE 1 ⑥

Quartier du centre de Londres, sur la rive gauche de la Tamise, autour de Westminster Abbey et du parlement. On reconnaît Big Ben à droite !

The East End

Envie d'un curry indien ? Rendez-vous dans les quartiers de l'est de Londres. Brick Lane est le nom d'une rue à ne pas manquer. On peut y trouver un bon bagel 24h sur 24 et de nombreux magasins vintage !

The British Museum

CARTE 1 ⑦

C'est le Louvre londonien. Parmi ses trésors, la pierre de Rosette, qui a permis à Champollion de déchiffrer les hiéroglyphes.

SPORTS ET JEUX

En Grande-Bretagne, de nombreux aficionados pratiquent la randonnée pédestre (**hiking**) et la randonnée en montagne (**climbing**), et ce par tous les temps mais toujours équipés de vêtements imperméables (**waterproofs**) au cas où … **Football**, **rugby** et **cricket** sont également très pratiqués.

Le sport occupe une place de choix dans la vie des Américains, notamment à l'université. Les sports d'équipe les plus courus sont le **football**, le **baseball**, le **basketball** et le **ice hockey** (hockey sur glace). Les matchs entre certaines équipes déchaînent régulièrement les passions. C'est le cas par exemple des équipes adverses de basket-ball **Boston Celtics** et **Los Angeles Lakers** ou de base-ball **New York Yankees** et **Boston Red Sox**.

Notez qu'en Grande-Bretagne, **football** désigne le football tel qu'il est pratiqué en Europe, et **American football** le football américain. Aux États-Unis, **football** désigne le football américain et **soccer** le football à l'européenne. Le jeu de billard le plus courant aux États-Unis est appelé **pool**. En Grande-Bretagne, même si la plupart des bars ont des billards pour le **pool**, on préfère généralement le **snooker**.

Pour commencer

balle — ball *bôwl*
ballon — ball *bôwl*
cartes — cards *cârdz*
échecs — chess *tchèss*
excursion — trip *trip*
faire de la randonnée — to go hiking *tou gô H**aï**kinng*
faire une partie de … — to have a game of… *tou Hav e gu**eï**me ov…*
football — soccer ***so**kkeur*, *(Br)* football ***fou**ttbôwl*
football américain — *(Br)* American football *eum**è**rikeun **fou**ttbôwl*, *(Am)* football ***fou**ttbôwl*
jeu de société — parlour game *p**â**rleur gueïme*
jeu de société *(Trivial Pursuit®, Monopoly®, etc)* board game *b**o**rde gueïme*

jouer à …	to play… *tou pleille…*
jouer au basket-ball	to play basketball *tou pleille bâsskèttbôwl*
match	match *mâtch*
piscine	swimming pool *swiminng poul*
sentier de randonnée	hiking path *Haïkinng paTH*
ski alpin	Alpine skiing *alpaïne ski-inng*
ski de fond	cross-country skiing *cross-keunntri skiinng*
skier	to ski *tou ski*
sport	sport *sporte*
tennis	tennis *tènniss*
vélo	bike *baïke*
VTC	hybrid *Haïbridd*
VTT	mountain bike *maounteun baïke*

S'exprimer

je voudrais louer un vélo pour une heure
I'd like to rent a bike for an hour
aïde laïke tou rente e baïke fore ann âweur

est-ce qu'on peut prendre des cours de … ?
are there … lessons available?
âr Zèr … lèssonnz euveïlebeul?

combien ça coûte par heure et par personne ?
how much is it per hour and per person?
Hâo meutche iz ite peur âweur ènde peur peursonn?

je ne suis pas très sportif
I'm not very sporty
aïme note vèri sporti

je n'en ai jamais fait
I've never done it before
aïve nèveur donne ite bifore

je suis nul en …
I'm useless at… *aïme iouzlèss ate…*

j'en ai fait une ou deux fois, il y a longtemps
I've done it once or twice, a long time ago
aïve donne ite ouannss ore twaïss, e longue taïme eugô

je n'en peux plus
I'm exhausted
aïme exôwsteud

j'ai des courbatures
my body's aching
maï boddiz eïkinng

Comprendre

...for hire location de ...

do you have any experience or are you a complete beginner?
est-ce que vous avez des notions ou vous êtes complètement débutant ?

you need to pay a deposit of...
il faut verser un acompte de ...

the insurance costs... and it's obligatory
l'assurance coûte ... et est obligatoire

Randonnée

S'exprimer

est-ce qu'il y a des sentiers de randonnée ?
are there any hiking paths?
*âr Zèr èni H**aï**kkinng paThss?*

qu'est-ce que vous nous conseillez comme marche dans les environs ?
what walks can you recommend us in the area?
*ouate wôkss kèn you ricomènnde euss ine Zis **è**ri-eu?*

on m'a dit qu'il y a une très belle balade au bord du lac
I've heard there's a really nice walk along the lakeside
*aïve Heurde Zèrz e **r**ili naïsse w**ô**wk eulongue Ze l**eï**kesaïde*

est-ce qu'il faut avoir des chaussures de randonnée ?
do you need hiking boots?
*dou you nide H**aï**kinng boutss?*

c'est une randonnée de combien d'heures ?
how many hours does the hike take?
*Hâo mèni **â**weurz daz Ze H**aï**ke teïk?*

est-ce que ça monte beaucoup ?
is it very steep?
*iz ite v**è**ri st**i**p?*

où est-ce que démarre le sentier ?
where's the start of the path?
*ouèrz Ze st**â** ov Ze paTH?*

est-ce que le sentier est balisé ?
is the path waymarked?
*iz Ze paTH w**ei**lle-mârktrt?*

Comprendre

length of walk: approximately two hours
durée moyenne de la randonnée : 2 heures

it's a three-hour walk including breaks
c'est une marche d'environ 3 heures en comptant les pauses

bring a waterproof jacket and walking boots
prévoyez un K-Way® et des chaussures de marche étanches

Ski

S'exprimer

je voudrais louer des skis, des bâtons et des chaussures de ski
I'd like to hire skis, ski poles and ski boots
*aïde laïke tou H**â**yeu sk**i**z, ski p**ô**wlz ènde ski b**ou**tss*

elles sont trop petites
they're too small *Zèr tou sm**ô**l*

un forfait pour une journée
a day pass
e deï pass

j'ai déjà fait du ski
I've been skiing before
*aïve bine sk**i**-inng bif**o**re*

Comprendre

chairlift	télésiège
day pass	forfait
ski lift	remontée mécanique
T-bar, button lift	tire-fesses

Autres sports

S'exprimer

où peut-on louer des vélos ?
where can we rent bikes?
ouère kèn wi rente baïkss?

y a-t-il des pistes cyclables ?
are there any cycle paths?
*âr Zèr èni **saï**keul pâTHz?*

est-ce que quelqu'un aurait un ballon de foot ?
does anyone have a football?
*daz **è**niouane Hav e **fou**ttbôwl?*

y a-t-il une piscine en plein air ?
is there an open-air swimming pool?
*iz Zèr ann ôpeun-**nèr** sw**i**minng p**ou**l?*

je n'ai jamais fait de plongée avant
I've never been diving before
*aïve nèveur bine d**aï**vinng bif**o**re*

je voudrais prendre des cours de voile pour débutants
I'd like to take beginners' classes in sailing
*aïde laïke tou teïk b**i**guineurz cl**â**sseuz inn s**eï**linng*

qu'est-ce que je fais si le kayak se renverse ?
what do I do if the kayak capsizes?
*ouate dou aï **dou** if Ze k**a**yak caps**aï**zeuz?*

Comprendre

there are public tennis courts near the station
il y a un terrain de tennis municipal pas loin de la gare

the tennis court's already taken
le court de tennis est déjà occupé

is this the first time you've been horse-riding?
c'est la première fois que vous montez un cheval ?

can you swim? vous savez nager ?

do you play basketball? est-ce que tu joues au basket ?

LES SPORTS

football
basketball
baseball
American football
cricket
tennis
rugby
boxing
hockey
table tennis
gymnastics
golf
rollerblading
diving
martial arts
cycling
skiing
surfing

LES LOISIRS

yoga
music
cinema
dancing
playing cards
painting
jogging
photography
gardening
drawing
chatting with friends
shopping
clubbing
travelling
swimming
fishing
reading
cooking

Jeux de société

S'exprimer

on se fait une partie de cartes ?
how about a game of cards?
*Hâo ebâote e gueïme ov c**â**rdz?*

c'est à ton tour de jouer
it's your turn
*itss **you**r teurne*

tu veux prendre ta revanche ?
do you want to get your revenge?
*dou you ouante tou guète your riv**è**nndje?*

Comprendre

can you play chess?

vous savez jouer aux échecs ?

do you have a *(Br)* **pack of cards/** *(Am)* **deck of cards?**

est-ce que tu as un jeu de cartes ?

COURSES ET SHOPPING

En Grande-Bretagne, les commerces sont généralement ouverts du lundi au samedi inclus, de 9h à 17h30 sans interruption (plus tard le jeudi – c'est la **late-opening night** – et plus tôt dans les petites villes). De plus en plus, les grandes surfaces et autres chaînes restent ouvertes plus tard (jusqu'à 20h, 21h voire 22h) ainsi que le dimanche. À Londres, les magasins ne ferment souvent qu'à 18h30 et les épiceries à 22h. Le tabac coûte environ deux fois plus cher qu'en France et s'achète au même endroit que les journaux, chez le **newsagent's** ou à l'entrée des supermarchés.

Aux États-Unis, on fait l'essentiel de ses courses dans les **shopping malls**, situés dans la périphérie des villes et ouverts 7 jours sur 7, généralement de 9h à 21h, ou dans les **convenience stores**, plus centraux et ouverts 7 jours sur 7 de 7h à 23h voire pour certains 24h sur 24. Les petits commerces ferment plus tôt. Les cigarettes, plus chères qu'en France, sont vendues sur présentation d'une pièce d'identité (il faut avoir plus de 18 ans) dans les **convenience stores** et les stations d'essence.

Quelques expressions familières

what a rip-off! c'est de l'arnaque/ hors de prix !
it costs an arm and a leg ça coûte les yeux de la tête
it's a steal c'est donné

Pour commencer

acheter — to buy *tou baille*
bon marché — cheap *tchip*
boulangerie — baker's *beïkeurz*
boutique — *(Br)* shop *(Am)* store *chope, store*
cadeau — present *prèzeunt*
caisse — cash desk *cache dèsk*
caisse *(d'un supermarché)* — checkout *tchèkkaoute*
centre commercial — *(Br)* shopping centre *choppinng sènnteur,* *(Am)* shopping mall *choppinng môle*

cher expensive *exp**è**nsiv*
coûter to cost *tou coste*
grand magasin department store *dip**a**rtmeunte st**o**re*
kilo kilo *k**i**lo*
légumes vegetables *v**è**djtèbeulz*
magasin (Br) shop *chop*, (Am) store *st**o**re*
marché market *m**â**rkett*
pain bread *brèd*
payer to pay *tou peille*
prix price *praïsse*
rembourser to refund *tou rifeunde*
soldes sales *seïlz*
souvenir *(objet)* souvenir *souvenir*
supermarché supermarket ***sou**peumârkett*
tabac *(lieu de vente)* (Br) tobacconist's *tob**a**connists*, (Am) tobacco store *tob**a**cô st**o**re*
ticket de caisse receipt *riss**i**te*
vendeur (Br) (shop) assistant *(chope) euss**i**steunte*, (Am) (sales) clerk *(s**eï**lz) cleurk*
vendre to sell *tou selle*
vêtements clothes *clôZz*

S'exprimer

est-ce qu'il y a un supermarché dans le quartier ?
is there a supermarket nearby?
*iz Zèr e s**ou**peumârkett nirbaille?*

où est-ce que je peux acheter des cigarettes ?
where can I buy cigarettes?
*ouère kèn aï baille s**i**gueuretss?*

je voudrais ...
I'd like...
aïde laïke...

je cherche ...
I'm looking for...
*aïme loukinng f**o**re...*

est-ce que vous avez ... ?
do you have...? *dou you Hav...?*

est-ce que vous savez où je peux en trouver ?
do you know where I can find one/ them?
*dou you nô ouère aï kèn f**aï**nde ouane/ Zèm?*

est-ce que vous pouvez me le commander ?
can you order it for me? *kèn you **o**rdeur-rite fore mi?*

combien coûte ce … ?
how much is this…?
Hâo meutche iz Zis…?

c'est bon, je le prends
that's fine, I'll take it
Zatss faïne, âl teïk-kite

vous ne pouvez pas me faire un petit rabais ?
could you give me something off it?
coude you guive mi sommTHinng of-ite?

je n'ai pas beaucoup d'argent
I don't have much money
aï donnte Hav meutche monnè

je n'ai pas assez d'argent
I don't have enough money
aï donnte Hav inof monnè

ça sera tout, merci
that's everything, thanks
Zatss èvriTHing, THènxe

est-ce que je peux avoir un sac (plastique) ?
could I have a (plastic) bag?
coude aï Hav e (plâstik) bag?

vous avez fait une erreur en me rendant la monnaie
you've made a mistake with my change
youv meïdd e missteïk wiv maï tchènndje

Comprendre

closed 1 pm to 3pm	fermé de 13h à 15h
closed Sundays	fermé le dimanche
open from… to…	ouvert de … à …
sale	soldes
special offer	promotion
is there anything else?	et avec ceci ?
would you like a bag?	est-ce que vous voulez un sac ?

Payer

ⓘ Attention, aux États-Unis, les prix affichés sont toujours hors taxe. La taxe, qui varie selon les États, est ajoutée au moment de payer à la caisse et n'est pas remboursable. Seuls les produits d'alimentation ne sont pas taxables. Les chèques de voyage en dollars sont acceptés à peu près partout, même pour des petites sommes.

S'exprimer

où est-ce qu'on paye ?
where can I pay?
ouère kèn aï peille?

combien je vous dois ?
how much do I owe you?
Hâo meutche dou aï ***ô****w you?*

pourriez-vous me l'écrire, s'il vous plaît ?
could you write it down, please?
*coude you raït-tite d****a****oune, pl****i****ze?*

est-ce que je peux payer par carte Visa® ?
can I pay by Visa®?
*kèn aï peille baille v****i****za?*

je vais payer en liquide
I'll pay cash
âl peille cache

désolé, je n'ai pas de monnaie
sorry, I don't have change
sori, aï donnte Hav tchènnje

est-ce vous pouvez me faire de la monnaie ?
could you give me change, please?
*coude you give mi tchènnje, pl****i****ze?*

est-ce que je peux avoir un reçu ?
could I have a receipt? *coude aï Hav e riss****i****te?*

Comprendre

pay at the cash desk payez à la caisse
how would you like to pay? vous réglez comment ?
could you sign there? je vais vous demander de signer là
don't you have any change? vous n'avez pas du tout de monnaie ?

Alimentation

ℹ De plus en plus, les Britanniques font leurs courses dans les hypermarchés situés en périphérie et autres chaînes de supermarchés (**Sainsbury**, **Asda** et **Tesco** sont les plus répandus). Les marchés sont très rares. Pour les légumes et fruits frais, l'alternative aux grandes surfaces est le **corner shop**, équivalent de "l'épicerie du coin" continentale. L'alcool est au moins deux fois plus cher qu'en France et sa vente étant strictement contrôlée, certains magasins ne sont pas habilités à en vendre après une certaine heure. Vous en trouverez jusqu'à 22 heures dans l'un des nombreux magasins **off-licence**.

Aux États-Unis, la plupart des supermarchés ne vendent pas d'alcool. Vous en trouverez, sur présentation d'une pièce d'identité (l'âge minimum légal est de 21 ans), dans les **liquor stores** (couramment appelés **package stores**), qui ferment le dimanche.

S'exprimer

où est-ce qu'on peut acheter à manger à cette heure-ci ?
where can I/ we buy something to eat at this time of night/ the morning?
ouère kèn aï/ wi baille sommTHinng tou ite ate Zis taïme ov naïte/ Ze môwrninng?

y a-t-il un marché ?
is there a market?
iz Zèr e mârkett?

y a-t-il une boulangerie dans le coin ?
is there a baker's nearby?
iz Zèr e beïkeurz nir-baille?

je voudrais 5 tranches de jambon
I'd like five slices of ham
aïde laïke faïve slaïsseuz ov Hamm

je vais prendre un petit morceau de ce fromage
I'd like a little piece of that cheese
aïde laïke e liteule piss ov Zat tchizz

non, pas celui-ci, celui-là, plus à droite, oui c'est ça
no, not this one, that one, more to the right, yes, that's the one
nô, note Ziss ouane, Zat ouane, mor tou Ze raïtte, yèss, Zatss Ze ouane

c'est pour 4 personnes
it's for four people
itss fore fore pipole

environ 300 grammes
around three hundred grams
euraounde THri Heunndreud grammz

un peu plus
a little more
e liteule mor

un peu moins
a little less
e liteule lèss

c'est possible de goûter ?
could I taste it?
coude aï teïsst-tite?

ça se conserve bien ?
does it keep well?
daz-zite kip ouèle?

on peut voyager avec ?
will it travel?
wil-ite traveul?

Comprendre

best before...	à consommer avant le ...
dairy products	produits laitiers
delicatessen	épicerie fine
local specialities	spécialités de la région
(Br) **off-licence**	magasin qui vend de l'alcool

there's a market on every day until one o'clock
il y a marché tous les jours jusqu'à 13h

there's a grocer's just on the corner that stays open late
il y a un épicier juste au coin de la rue qui reste ouvert tard le soir

Habillement

Pour les correspondances entres tailles européennes, britanniques et nord-américaines, voir les tables de conversion p. 190.
En Grande-Bretagne, tous les articles en solde peuvent être remboursés ou échangés.
Aux États-Unis, essayez impérativement avant d'acheter : les vêtements nord-américains taillent très grand !

S'exprimer

je cherche le rayon hommes
I'm looking for the men's department
*aïme loukinng fore Ze mènnz dip**â**rtmeunte*

non, merci, je regarde seulement
no, thanks, I'm just looking
nô, THènxe, aïme djeust loukinng

je peux l'essayer ?
can I try it on?
kèn aï traï-yite onn?

je chausse du 39
I take a 39
*aï teïk e TH**eu**rti-naïne*

je voudrais essayer celui-là qui est en vitrine
I'd like to try the one in the window
aïde laïke tou traï Ze ouane inn Ze winndô

où sont les cabines d'essayage ?
where are the fitting rooms?
ouère âr Ze fittinng roumz?

vous ne l'avez pas dans une autre couleur ?
do you have it in another colour?
dou you Hav-vite inn enoZeur coleur?

est-ce que vous l'avez dans une plus petite/ grande taille ?
do you have it in a smaller/ bigger size?
dou you Hav-vit inn e smôleur/ bigueur saïze?

est-ce que vous les avez en rouge ?
do you have them in red?
dou you Hav Zèm inn rèd?

c'est trop large
it's too large
itss tou lârdje

oui, ça va, je les prends
yes, that's fine, I'll take them
yèss, Zatss faïne, âl teïk Zèm

non, je n'aime pas
no, I don't like it
nô, aï donnte laïke ite

je vais réfléchir
I'll think about it
âl THinnk ebaoute ite

Comprendre

changing rooms	cabines d'essayage
children's wear	vêtements pour enfants
fitting rooms	cabines d'essayage
ladies' wear	vêtements pour femmes
late-night opening Thursdays	nocturne les jeudis
menswear	vêtements pour hommes
open this Sunday	ouverture exceptionnelle dimanche
hello, can I help you?	bonjour, je peux vous aider ?

are you looking for something in particular?
vous cherchez quelque chose ?

we only have it in blue or black
il ne nous en reste que en bleu ou en noir

we don't have any left in this size
il ne nous en reste plus dans cette taille

it really suits you — ça vous va bien
so, what do you think? — alors ? qu'est-ce que vous en pensez ?

Souvenirs et cadeaux

S'exprimer

je cherche un cadeau à ramener
I'm looking for a present to take back
aïme loukinng fore e prèzeunt tou teïk bak

je voudrais quelque chose de facile à transporter
I'd like something easy to transport
aïde laïke sommTHinng ***izi*** *tou trannspôrte*

c'est pour une petite fille de 4 ans
it's for a little girl of four
*itss fore e liteule gueurl ov f****o****re*

est-ce que vous pouvez me faire un paquet-cadeau ?
can you gift-wrap it for me?
kèn you gift-rap ite fore mi?

Comprendre

hand-made — fait main
made of wood/ silver/ gold — en bois/ argent/ or
traditionally made product — produit artisanal

that depends, how much would you like to spend?
ça dépend, combien êtes-vous prêt à dépenser ?

orange
white
brown
green
blue
pink
red
grey
purple
black
light blue
yellow

suit
boxers
briefs
pants
bra
coat
trunks
jacket
flip-flops
swimsuit
zip
shirt and tie
t-shirt
sweatshirt
sweater
and scarf
trousers
jeans
skirt
dress
boots
stockings
leather shoes
socks
high heels
buttons

LES ACCESSOIRES

PHOTO

ℹ Les pellicules et le développement coûtent moins cher en Grande-Bretagne et aux États-Unis et sont également disponibles dans les supermarchés et les chaînes de magasins (comme **Boots** en Grande-Bretagne).

Pour commencer

appareil jetable	disposable camera *dissp**ô**zebeul c**â**meureu*
appareil numérique	digital camera *d**i**djiteul c**â**meureu*
appareil photo	camera *c**â**meureu*
brillant	glossy *gl**o**ssi*
couleur	colour *c**o**leur*
diapositive	slide *slaïde*
exemplaire	copy *c**o**ppi*
faire développer des photos	to have photos developed *tou Hav f**ô**tôz div**è**lopd*
mat	matt *mâtt*
noir et blanc	black and white *blak ènde waïte*
pellicule	film *film*
pose	exposure *exp**ô**wjeur*
prendre une photo/ des photos	to take a photo/ photos *tou teïk e f**ô**tô/ f**ô**tôz*

S'exprimer

est-ce que vous pourriez nous prendre une photo ?
could you take a photo of us? *coude you teïk e f**ô**tô ov **eu**ss?*

il suffit d'appuyer sur ce bouton
you just have to press this button *you djeust Hav tou prèss Ziss b**eu**tonn*

je voudrais une pellicule couleur 200 ASA
I'd like a 200 ASA colour film *aïde laïke e tou-H**eunn**dreud eïesseï c**o**leur film*

est-ce que vous avez des pellicules noir et blanc ?
do you have black and white films? *dou you Hav blak ènde waïte filmz?*

ça coûte combien pour développer une pellicule de 36 poses ?
how much does it cost to develop a 36-exposure film? *Hâo meutche daz ite co**s**te tou div**è**lop e TH**eu**rti-sixe exp**ô**wjeur film?*

je voudrais faire développer cette pellicule
I'd like to have this film developed *aïde laïke tou Hav Ziss **fi**lm div**è**lopd*

je voudrais faire des doubles de certaines photos
I'd like copies of some photos *aïde laïke c**o**ppiz ov somm f**ô**tôz*

3 exemplaires de la numéro 4 et un de la 7
three copies of number four and one of number seven
*THri c**o**ppiz ov nommbeur f**o**re ènde ouanne ov nommbeur s**è**veune*

je viens chercher mes photos
I've come to collect my photos *aïve comm tou coll**e**ct maï f**ô**tôz*

j'ai un problème avec mon appareil photo
I have a problem with my camera *aï Hav e pr**o**bleum wiv maï c**â**meureu*

je ne sais pas ce que c'est
I don't know what it is *aï donnte n**ô** ouate ite **i**z*

le flash ne marche pas
the flash isn't working *Ze flâch izeunte w**eu**rkinng*

je n'ai pas pris beaucoup de photos
I haven't taken many photos *aï Haveunte teïkeun mèni f**ô**tôz*

Comprendre

maybe the battery's dead
c'est peut-être la pile qui est morte

if you're interested, you can get copies for half price
si ça vous intéresse, les doubles sont à moitié prix

what's the name?
c'est à quel nom ?

when would you like them for?
vous les voulez pour quand ?

your photos will be ready after midday on Thursday
vos photos seront prêtes à partir de jeudi midi

LA BANQUE

Les banques britanniques sont ouvertes de 9h à 16h30 en semaine, ainsi que le samedi matin dans le cas des grandes banques. Avec votre carte de crédit internationale, vous pouvez retirer de l'argent des nombreux distributeurs (**cashpoints**) et payer dans la majorité des commerces, hôtels et restaurants. L'unité monétaire est le **pound** (symbole **£** indiqué AVANT le montant), lequel vaut cent **pence**, abrégé en **p** (**10p** se prononce tène pi). On trouve des pièces de 1p, 2p, 5p, 10p, 20p, 50p, £1 et £2, et des billets de £5, £10, £20 et £50.

Aux États-Unis, les banques ouvrent de 9h à 15h du lundi au vendredi. Les distributeurs sont appelés **ATMs**. Les chèques de voyage ainsi que la carte Visa® sont acceptés à peu près partout. Il est préférable de changer de l'argent avant votre départ. Le **dollar** (symbole indiqué AVANT le montant) équivaut à 100 **cents** (abrégés en **¢**). On trouve des pièces de 1¢, 5¢, 10¢, 25¢, 50¢ et 1 (pièce récente et plus rare), et des billets de 1, 5, 10, 20, 50 et 100.

Quelques expressions familières

fiver *(Br)* **cinq livres,** *(Am)* **cinq dollars**
tenner *(Br)* **dix livres,** *(Am)* **dix dollars**

Pour commencer

banque — bank *bènnk*
billet *(de banque)* — *(Br)* (bank)note *(bènnk)nôtt*, *(Am)* bill *bil*
bureau de change — bureau de change *biourô de change*
Carte Bleue® — debit card *dèbite cârde*
carte de crédit — credit card *crèdite cârde*
changer de l'argent — to change money *tou tchènndje monné*
chèque — cheque *tchèk*
code confidentiel — PIN (number) *pinn (nommbeur)*
commission — commission *commicheun*
compte (bancaire) — (bank) account *(bènnk) eucaounte*

distributeur (automatique)	*(Br)* cashpoint *câchepoïnnte*, cash machine *câche meuchinn*, *(Am)* ATM *eï-ti-ème*
guichet	counter *caounteur*
pièce (de monnaie)	coin *coïnn*
retirer de l'argent	to withdraw money *tou wivdrôw monnè*
retrait	withdrawal *wivdrôweul*
traveller's cheque	*(Br)* travellers cheque, *(Am)* travelers check *traveuleurz tchèk*
virement	transfer *trannsfeur*

S'exprimer

où est-ce qu'il y a un bureau de change ?
where can I change money?
ouère kèn aï tchènndje monnè?

les banques sont-elles ouvertes le samedi ?
are banks open on Saturdays?
âr bènnkss ôpeune onn sâteurdeïz?

je cherche un distributeur automatique
I'm looking for *(Br)* a cashpoint/ *(Am)* an ATM
aïme loukinng fore e câchepoïnnte/ ann eï-ti-ème

je voudrais changer 80 euros
I'd like to change eighty euros
aïde laïke tou tchènndje eïti iourôz

qu'est-ce que vous prenez comme commission ?
what commission do you charge?
ouate commicheun dou you tchârdje?

je voudrais faire un virement
I'd like to transfer some money
aïde laïke tou trannsfeur somm monnè

ça va prendre combien de temps ?
how long will it take?
Hâo longue wil ite teïk?

j'attends un mandat
I'm waiting for a money order
aïme weilltinng fore e monnè ôrdeur

je voudrais signaler la perte de mes cartes de crédit
I'd like to report the loss of my credit cards
*aïde laïke tou ri**po**rte Ze losse ov maï **crè**dite cârdz*

le distributeur de billets a avalé ma carte
the cash machine has swallowed my card
*Ze **câ**che meuchi**ne** Haz sw**a**lôwd maï **câr**de*

Comprendre

please insert your card — insérez votre carte
please enter your PIN number — tapez votre code confidentiel
cash with receipt — retrait avec reçu
cash without receipt — retrait sans reçu
please remove your card — veuillez retirer votre carte
please take your cash — veuillez retirer votre argent

this machine is temporarily out of service
appareil (momentanément) hors service

LA POSTE

Les bureaux de poste en Grande-Bretagne sont ouverts de 9h à 17h30 en semaine et, souvent, également le samedi de 9h à 13h. Dans les endroits isolés, un petit commerce fait office de bureau de poste aux mêmes horaires qu'un bureau de poste traditionnel. On les repère à l'enseigne **Post Office** inscrite dans un ovale rouge.

Les bureaux de poste aux États-Unis ouvrent pour la plupart de 8h à 17h en semaine ainsi que le samedi matin de 9h à midi et sont signalés par la mention **US Mail**. Les timbres retirés dans les **automats** (distributeurs) sont plus chers que ceux achetés au bureau de poste.

Pour commencer

boîte aux lettres	*(Br)* postbox *p**ô**stbox*, *(Am)* mailbox *m**e**ïlbox*
carte postale	postcard *p**ô**stcarde*
code postal	postcode *(Br)* *p**ô**stcôde*, *(Am)* zip code *zip côde*
colis	package *p**â**kèdj*, parcel *p**â**rseule*
courrier	*(Br & Am)* mail *meïl*, *(Br)* post *pôst*
écrire	to write *tou raïte*
enveloppe	envelope *è**nnveulop*
envoyer	to send *tou sènnd*
lettre	letter *l**è**teur*
par avion	airmail *è**rmeïl*
poste	post office *pôst office*
recevoir	to receive *tou risiv*
timbre	stamp *stemmp*

S'exprimer

où est-ce que je peux trouver un bureau de poste ?
where can I find a post office?
*ouère kèn aï faïnd e p**ô**st **o**ffice?*

y a-t-il une boîte aux lettres par ici ?
is there a *(Br)* postbox/ *(Am)* mailbox near here?
*iz Zèr e p**ô**stbox/ m**e**ïlbox nire Hire?*

LA POSTE

je voudrais 5 timbres pour la France
I'd like five stamps for France
*aïde laïke f**aï**ve stemmps fore fr**an**ss*

combien coûte un timbre pour la Suisse ?
how much is a stamp for Switzerland?
*Hâo meutche iz e stemmp fore sw**i**tdzeuleund?*

y a-t-il un tarif lent ?
is there a second-class mail/ *(Br)* post?
*iz Zèr e s**è**keunde-class meïl/ pôst?*

je voudrais envoyer ce colis à Lyon par avion
I'd like to send this package to Lyons by airmail
*aïde laïke tou sènnd Ziss p**â**kèdj tou l**i**yon baille **è**rmeïl*

combien de temps ça met pour arriver ?
how long will it take to get there?
*Hâo longue wil ite t**eï**k tou guète Z**è**r?*

y a-t-il du courrier pour moi ?
is there any mail/ *(Br)* post for me?
*iz Zèr èni m**eï**l/ p**ô**st fore mi?*

si je reçois du courrier, est-ce que vous pourriez me le faire suivre en France ?
if I get any mail, could you forward it to me in France?
*if aï guète èni m**eï**l, coude you fôrweurd-dite tou m**i** inn fr**an**ss?*

Comprendre

addressee destinataire
first/last collection première/ dernière levée
sender expéditeur

it takes between two and five days
ça met entre 2 et 5 jours

INTERNET

ℹ Les cafés Internet se multiplient rapidement en Grande-Bretagne comme aux États-Unis. Aux États-Unis, l'accès en libre-service se répand également, notamment dans les gares routières.

Notez que le clavier "international" (QWERTY) est différent du français (AZERTY). L'arobase se dit **at** *(âte)*, le point **dot** *(dote)* et le trait de soulignement (_) **underscore (eunndeurscôre).** On précise **all in one word** quand une partie de l'adresse s'écrit en un seul mot. Par exemple l'adresse ceciliagooding@aol.com se lira : "cecilia gooding (all in one word) at AOL dot com" *(sésiliagoudinng ôl inn ouane weurd âte eï ô èle dote comm).*

Pour commencer

adresse e-mail e-mail address *imeïl edresse*
arobase at sign *ate saïnne*
café Internet Internet café *innteurnèt câfé*
clavier keyboard *kibôrde*
coller to paste *tou peïsst*
copier to copy *tou copi*
couper to cut *tou keut*
effacer to delete *tou dilite*
e-mail e-mail *imeïl*
envoyer un e-mail to send an e-mail *tou sènnd ann imeïl*
mot de passe password *pâssweurd*
recevoir to receive *tou risiv*
sauvegarder to save *tou seïve*
télécharger to download *tou daounlôde*
touche key *ki*

S'exprimer

y a-t-il un café Internet près d'ici ?
is there an Internet café near here?
iz Zèr ann innteurnèt câfé nire Hire?

je dois aller au café Internet pour vérifier mon mail
I need to go to the Internet café to check my mail
aï nide tou gô tou Zi ***i****nnteurnèt câfé tou tchèk maï meïl*

est-ce que vous avez une adresse e-mail ?
do you have an e-mail address?
dou you Hav ann ***i****meïl edr****e****sse?*

je voudrais m'ouvrir une adresse e-mail
I'd like to open an e-mail account
aïde laïke tou ôpeun ann ***i****maïl euc****a****ounte*

je voudrais un ticket pour …
I'd like a ticket for…
*aïde laïke e t****i****kèt fore …*

comment est-ce que je me connecte ?
how do I get online?
*Hâo dou aï guète onnl****aï****ne?*

est-ce que vous pouvez m'aider, je ne sais pas comment ça marche
could you help me, I don't know how this works
*coude you H****è****lp mi, aï donnte nô Hâo Ziss w****eu****rks*

je ne trouve pas la touche pour l'euro sur le clavier
I can't find the euro sign on the keyboard
*aï kante faïnd Zi y****ou****rô saïne onn Ze k****i****bôrde*

il y a un problème, c'est bloqué
there's something wrong with it, it's frozen
*Zèrz sommTHinng r****on****gue wiv-****i****te, itss fr****ô****zeun*

est-ce qu'on peut téléphoner par Internet ici ?
can I use the Internet to telephone here?
kèn aï youz Zi ***i****nnteurnèt tou t****è****lefônn Hire?*

Comprendre

Inbox	Boîte de réception
Outbox	Boîte d'envoi

you'll have to wait for around twenty minutes
il y a environ 20 minutes d'attente

I can put your name on the list
je peux vous inscrire sur la liste

LE BUREAU

screen
post-it notes
paper clips
ruler
desk lamp
pen
pencils
keyboard
mouse
rubbers
notebook
calculator
scissors
compass
stapler
highlighters
book
glue
bookmark
diary
sellotape
clock
ring binders
mobile phone
newspapers
glasses

TÉLÉPHONE

Les numéros de téléphone s'énoncent selon le cas par centaine, dizaine ou unité. Pour dire zéro, vous entendrez souvent dire O (comme la lettre de l'alphabet). Par exemple, 0207 233 0500 se lira "O two O seven two double three O five hundred" ou "zero two zero…".

Il y a une heure de moins en Grande-Bretagne et entre 6 et 9 heures de moins aux États-Unis suivant le fuseau horaire.

Les célèbres cabines de téléphone rouges britanniques disparaissent peu à peu au profit des cabines vitrées de **British Telecom** (**BT**). Ces cabines fonctionnent à pièces (**coins**) ou, de plus en plus, à cartes (**cards**), voire par carte bancaire (**credit card**). Les cartes de téléphone sont vendues dans la plupart des bureaux de poste et chez les marchands de journaux (**newsagents**). Vous pourrez également vous procurer auprès d'un **newsagent** et d'un certain nombre de commerces de proximité des cartes pré-payées (**prepaid phonecards**) qui ont l'avantage de pouvoir s'utiliser depuis n'importe quel téléphone (cabine, téléphone privé, etc) en composant un code.

En Grande-Bretagne, la longueur des numéros de téléphone varie selon les régions. Ils comprennent généralement plus de 10 chiffres mais il n'est pas nécessaire de composer l'indicatif pour un appel local.

Pour appeler la France, composez le 00 33 suivi du numéro à 9 chiffres (c'est-à-dire sans le 0 initial). L'indicatif de la Belgique est le 00 32, et celui de la Suisse le 00 41.

Pour appeler la Grande-Bretagne depuis l'étranger, composez le 00 44 suivi du numéro à 10 chiffres (c'est-à-dire sans le 0 initial).

Les communications téléphoniques aux États-Unis sont beaucoup moins chères qu'en Europe. Les cabines téléphoniques sont nombreuses, surtout en ville, et de plus en plus acceptent les cartes de crédit. Les carte prépayées sont également très courantes. Autre secteur qui se développe rapidement, le téléphone via Internet…

Pour appeler la France depuis les États-Unis, composez le 011 puis l'indicatif de la France (33) puis le numéro à 9 chiffres (c'est-à-dire sans le 0 initial). L'indicatif de la Belgique est le 32 et celui de la Suisse le 41.

Pour appeler les États-Unis depuis l'étranger, composez le 00, attendez la tonalité, puis le 1, suivi de l'indicatif de la ville (3 chiffres) et du numéro de votre correspondant (7 chiffres).

Pour commencer

allô	hello *Héllôw*
annuaire	(tele)phone book *(t**è**leu)fôn bouk*
appel international/ national/ local	international/ national/ local call *inntèrn**a**cheneul/ n**a**cheneul/ l**ô**keul c**ô**wl*
appeler quelqu'un	to call someone *tou c**ô**wl sommouane*
cabine téléphonique	phone booth *f**ô**n bouTH*, *(Br)* phone box *f**ô**n boxe*
carte de téléphone	phonecard *f**ô**nncârde*
message	message *m**è**sseudj*
message SMS	text message *t**e**xt mèsseudj*
numéro de téléphone	phone number *fôn n**o**mmbeur*
Pages Jaunes®	Yellow Pages® *yèlô p**eï**djeuz*
portable	*(Br)* mobile *m**ô**baïle*, *(Am)* cellphone *sèl f**ô**n*
renseignements	*(Br)* directory enquiries *dir**è**ktori ènnkw**a**yeuriz*, *(Am)* information *innform**eï**cheun*
répondeur	answering machine ***an**sseurinng meuchinn*
téléphone	(tele)phone *(t**è**leu)fôn*
téléphoner	to (tele)phone *tou (t**è**leu)fôn*

Abréviations courantes

wk *(= work)* **(numéro au) travail**
hm *(= home)* **(numéro du) domicile**
mob. *(= mobile)* **(numéro de) portable**

TÉLÉPHONE

S'exprimer

où est-ce que je peux acheter une carte de téléphone ?
where can I buy a phonecard?
ouère kèn aï baille e fônncârde?

une carte de téléphone de 5 livres, s'il vous plaît
a five-pound phonecard, please
e faïve paounde fônncârde, plize

est-ce que vous savez s'il y a une cabine téléphonique près d'ici ?
do you know if there's a phone booth/ *(Br)* phone box near here?
dou you nôw if Zère 'z e fône bouTH/ fôn boxe nir Hire?

pourriez-vous me faire la monnaie de …, c'est pour téléphoner ?
could you give me change of… to make a phone call?
coude you giv mi tchènndj ov… tou meïke e fôn côwl?

je voudrais appeler en PCV
I'd like to make a *(Br)* reverse-charge call/ *(Am)* collect call
aïde laïke tou meïke e riveurss-tchardje côwl/ colèctt côwl

est-ce que vous pouvez répéter plus lentement ?
could you say that again more slowly?
coude you seille Zat egueïne môre slôwli?

est-ce que vous pouvez parler plus fort ?
could you speak up? *coude you spik-keup?*

est-ce que vous parlez français ?
do you speak French? *dou you spik frèntch?*

est-ce qu'il y a une prise pour que je recharge mon portable ?
is there a socket so that I can recharge my *(Br)* mobile/ *(Am)* cellphone?
iz Zèr e sokkèt sô Zat aï kèn ritchârdj maï môbaïle/ sèl fôn?

tu as un numéro de portable ?
do you have a *(Br)* mobile/ *(Am)* cellphone number?
dou you Hav e môbaïle/ sèl fôn nommbeur?

où est-ce que je peux vous joindre pendant la journée ?
where can I reach you during the day?
ouère kèn aï ritch you diourinng Ze deï?

tu as eu mon message ?
did you get my message?
did you guète maï mèsseudj?

Comprendre

the number you have dialled has not been recognized
le numéro que vous avez demandé n'est pas attribué

press the hash/ star key
appuyez sur la touche dièse/ étoile

Formules usuelles

S'exprimer

allô, est-ce que je suis bien chez … ?
hello, is this …?
Héllôw, iz Ziss…?

c'est de la part de qui ?
who's calling?
Houze côwlinng?

allô, David ?
hello, David?
Héllôw, deïvide?

allô, c'est moi/ Pierre *(quand on appelle)*
hello, it's me/ Pierre
Héllôw, itss mi/ Pierre

allô, bonjour, je voudrais parler à M. …, de la part de …
hello, I'd like to speak to Mr…, this is…
Héllôw, aïde laïke tou spik tou missteur…, Ziss iz…

vous vous êtes trompé de numéro
you've got the wrong number
youv-gotte Ze rongue nommbeur

un instant, s'il vous plaît
one moment, please
ouane mômeunt, plize

ne quittez pas
hold on
Hôlde onn

il est sorti
he's gone out
Hiz gonne aoute

je vous le passe
I'll just hand you over to him
âl djeust Hènnd you ôveur tou Himm

pouvez-vous lui dire que j'ai appelé ?
could you tell him/ her I called?
coude you tèle Himm/ Heur aï côwld?

vous avez de quoi écrire ?
do you have a pen?
dou you Hav e pènn?

mon nom est … et mon numéro le …
my name is… and my number is…
maï neïme iz… ènde maï nommbeur iz…

est-ce que vous pouvez lui demander de me rappeler ?
could you ask him/ her to call me back?
coude you ask Himm/ Heur tou côwl mi bâk?

est-ce que vous savez quand je peux le joindre ?
do you know when I'll be able to reach him?
dou you nô ouène âl bi eïbeul tou ritch Himm?

je vous remercie, au revoir
thank you, goodbye
THènkiou, goudbaï

je rappellerai (plus tard)
I'll call back (later)
âl côwl bâk (leïteur)

il peut me joindre au …
he can reach me at…
Hi kèn ritch mi ate…

on s'appelle bientôt ?
we'll talk soon, OK?
wil tôwk soune, ôkeï?

on se rappelle, ok ?
we'll talk again, OK?
wil tôwk eugueïne, ôkeï?

Comprendre

one moment, I'll hand you over to him
un instant, je vous le passe

speaking/ Pierre speaking
c'est moi/ c'est Pierre *(quand on répond au téléphone)*

he's not in, would you like to leave a message?
il n'est pas là, est-ce que vous voulez laisser un message ?

I'll tell him you called
je lui dirai que vous avez appelé

please leave a message after the tone
veuillez laisser un message après le bip

Problèmes

S'exprimer

je ne connais pas l'indicatif
I don't know the *(Br)* dialling code/ *(Am)* dial code
aï donnte nô Ze daïllinng côwd/ daïle côwd

ça ne répond pas
there's no answer
*Zèrz nô **an**nsseur*

ça sonne occupé
(Br) it's engaged, *(Am)* the line's busy
*itss eungu**eï**dj, Ze laïne iz b**i**zi*

je n'ai pas réussi à le joindre
I couldn't reach him
*aï coudeunt r**i**tch Himm*

il ne me reste plus beaucoup d'unités sur ma carte
I don't have many units left on my card
*aï donnte Hav mèni **iou**nitss*
*lèft onn maï c**â**rde*

attends, ça va couper, il faut que je rajoute de la monnaie
hold on, we're going to be cut off, I need to put some more change in
*Hôlde onn, wir g**o**ïne tou bi keutt **o**ff, aï nide tou poute somm môr*
*tch**è**ndj inn*

il n'y a pas de réception ici
I can't get a signal here *aï kante guète e s**i**g-neul H**i**re*

il y a une très mauvaise réception
the signal's very bad
*Ze s**i**g-neulz vèri bade*

vous savez où je peux trouver une recharge pour mon téléphone portable ?
do you know where I can get a top-up card for my *(Br)* mobile/ *(Am)* cellphone?
*dou you nô ouère aï kèn guète e t**o**p-peupe c**â**rde fore maï m**ô**baïle/ sèl f**ô**n?*

est-ce que je peux brancher mon portable ici pour le recharger ?
can I plug my *(Br)* mobile/ *(Am)* cellphone in here to recharge it?
*kèn aï pleugue maï m**ô**baïle / sèl f**ô**n inn H**i**re tou ritch**â**rdj ite?*

Comprendre

I can barely hear you — je vous entends très mal
we got cut off — on a été coupés

you must have the wrong number
vous avez dû vous tromper de numéro

SANTÉ

En Grande-Bretagne, les soins délivrés par le **NHS** (service public de santé britannique) sont gratuits pour les ressortissants de l'Union européenne. Pour obtenir une consultation avec un généraliste (couramment appelé **GP** – prononcez dji-pi), l'attente est souvent longue dans les centres médicaux (**medical centre** ou **surgery**). Pour une urgence, allez directement au service des urgences des hôpitaux (**casualty department** ou **accident and emergency department**) ou composez le 999.

Avant de partir aux États-Unis, il vous faut impérativement souscrire à une assurance voyage intégrale. Les frais médicaux sont très chers, et encore plus pour les ressortissants étrangers. Les numéros des médecins (**physicians**) et des services hospitaliers (**clinics**) sont répertoriés dans les Pages jaunes. En cas d'urgence, composez le 911.

Pour commencer

alcool à 90°	*(Br)* surgical spirit *seurdjikeul spirite*, *(Am)* rubbing alcohol *reubinng alcôHole*
allergie	allergy *âleurdji*
ambulance	ambulance *ammbiouleunss*
aspirine	aspirin *asprine*
avoir ses règles	to have one's period *tou Hav ouannz piryeud*
bouton	spot *spott*
cassé	broken *brôkeun*
comprimé	tablet *tâblett*
dentiste	dentist *dènntiste*
désinfecter	to disinfect *tou dissinnfèkt*
fièvre	fever *fiveur*
généraliste	*(Br)* GP *dji-pi*, *(Am)* family practitioner *fâmili practicheneur*
gynécologue	gynaecologist *guaïnikaleudjiste*
hôpital	hospital *Hospiteul*
intoxication alimentaire	food poisoning *foude poïseninng*
médecin	doctor *docteur*
médicament	medicine *médecine*

pansement	*(Br)* Elastoplast® *il**a**stoplast*, *(Am)* Band-Aid® *b**a**nnd-deïdd*
pharmacie	*(Br)* chemist *k**è**miste*, *(Am)* drugstore *dr**eu**gstor*
pommade	ointment ***oï**tmeunt*
radio (rayons)	X-ray ***è**ks-reï*
sang	blood *blode*
urgences	*(Br)* accident and emergency ***a**ksideunt ènde ém**è**rdjeunnsi*, *(Am)* emergency room *ém**è**rdjeunnsi roume*
vaccin	vaccination *vâksin**eï**cheun*
vomir	to vomit *tou v**o**mmite*

S'exprimer

est-ce que quelqu'un aurait une aspirine par hasard ?
would anyone have an aspirin, by any chance?
*woude **è**ni-ouane Hav ann **a**sprine baï èni tchannss?*

j'ai besoin d'aller voir un docteur
I need to see a doctor
*aï n**i**de tou si e d**o**cteur*

où est-ce que je peux trouver un médecin un dimanche ?
where can I find a doctor on a Sunday?
*ouère kèn aï faïnde e d**o**cteur onn e s**eu**ndeï?*

je voudrais prendre un rendez-vous pour aujourd'hui
I'd like to make an appointment for today
*aïde laïke tou meïke ann eup**oï**tmeunt fore toud**eï***

le plus tôt possible
as soon as possible
*az soun az p**o**ssibeul*

non, ce n'est pas grave
no, it's not serious
*nô, itss note s**i**ryeuss*

pouvez-vous faire venir une ambulance au ... ?
could you send an ambulance to...?
*coude you sènnd ann **a**mmbiouleunss tou ...?*

je voudrais une solution de rinçage pour lentilles souples
I'd like some rinsing solution for soft lenses
*aïde laïke somm rinnsinng sol**ou**cheun for soft l**è**nnzeuz*

j'ai cassé mes lunettes
I've broken my glasses
*aïve brokeun maï gl**â**ssiz*

Comprendre

(Br) **accident and emergency,** *(Am)* **emergency room**
urgences

(Br) **doctor's surgery,** *(Am)* **doctor's office**
cabinet médical

prescription
ordonnance

there are no available appointments until Thursday
il n'y a rien de libre avant jeudi

does Friday at two o'clock suit you?
vendredi à 14h, ça vous convient ?

Chez le médecin

S'exprimer

j'ai rendez-vous avec le Docteur …
I have an appointment with Doctor …
*aï Hav ann eup**oï**tmeunt wiv d**o**cteur …*

je ne me sens pas bien
I don't feel well
aï donnte fil ouèle

je me sens très faible
I feel very weak
*aï fil v**è**ri wik*

je ne sais pas ce que c'est
I don't know what's the matter with me
*aï donnte nô ouatss Ze m**â**teur wiv mi*

j'ai été piqué par …
I've been stung by…
*aïv binn st**eu**ng baille …*

j'ai été mordu par …
I've been bitten by…
*aïv binn b**i**tteune baille…*

j'ai mal à la tête
I have a headache
*aï Hav e H**è**ddeïk*

j'ai mal au cœur
I feel sick
*aï **fil** sik*

j'ai mal au dos/ aux dents
I have backache/ toothache
*aï Hav b**â**k-eïke/ **tou**TH-eïke*

j'ai mal au ventre/ à la gorge
I have a sore stomach/ throat
*aï Hav e s**o**re st**o**mmeuk/ THrôtt*

j'ai mal ici
it hurts here
ite Heurtss Hire

ça fait mal
it hurts
ite Heurtss

ça s'est aggravé
it's got worse
itss gote weurss

ça fait 3 jours
it's been three days
*its binn THri d**e**ïz*

ça a commencé la nuit dernière
it started last night
*ite st**â**rteudd lâste naïte*

c'est la première fois que ça m'arrive
this is the first time it's happened
*Ziss iz Ze feurst taïme itss H**a**ppeunde*

j'ai de la fièvre
I have a fever
*aï Hav e f**i**veur*

ça me démange
it's itchy
*itss **i**tchi*

je suis cardiaque
I have a heart condition
*aï Hav e Heurte conndi**c**heun*

j'ai de l'asthme
I have asthma
*aï Hav **â**sma*

je suis sous antibiotiques depuis une semaine et ça ne va pas mieux
I've been on antibiotics for a week and I'm not any better
*aïv binn onn anntibaïy**o**tikss fore e w**i**k ènde aïme note èni b**è**tteur*

je prends la pilule/ la minipilule
I'm on the pill/ the minipill
*aïme onn Ze p**i**l/ Ze minip**i**l*

j'ai besoin de la pilule du lendemain
I need the morning-after pill
*aï nide Ze morninng-**â**fteur p**i**l*

je suis enceinte de … mois
I'm … months pregnant
*aïme … monnTHs pr**è**ggneunt*

je me suis tordu la cheville
I've sprained my ankle
*aïve spreïnnd maï **è**nnkeul*

je suis tombé sur le dos
I've fallen and hurt my back
*aïve fôleune ènde Heurte maï b**â**k*

j'ai eu une syncope
I've had a blackout
*aïve Had e blâk-k**a**oute*

j'ai perdu un plombage
I've lost a filling
*aïve l**o**ste e filinng*

c'est grave ?
is it serious?
*iz ite s**i**ryeuss?*

c'est contagieux ?
is it contagious? *iz ite connt**eï**djeuss?*

comment va-t-il ?
how is he?
*Hâo iz-**i**?*

combien je vous dois ?
how much do I owe you?
Hâo meutche dou aï ôw you?

Comprendre

could you take a seat in the waiting room
si vous voulez bien patienter dans la salle d'attente …

where does it hurt? où est-ce que ça vous fait mal ?
take a deep breath respirez bien fort
lie down, please allongez-vous, s'il vous plaît
does it hurt if I press here? ça vous fait mal quand j'appuie là ?

have you been vaccinated against…?
êtes-vous vacciné contre … ?

are you allergic to…?
êtes-vous allergique à … ?

are you taking any other medication?
avez-vous des traitements en cours ?

take a capsule if you're in pain
prenez une gélule en cas de douleur

it should disappear in a few days
ça devrait passer en quelques jours

it should heal quickly
ça devrait cicatriser rapidement

you're going to need an operation
il va falloir opérer

come back and see me in a week
revenez me voir dans une semaine

À la pharmacie

ℹ En Grande-Bretagne comme en France, seules les pharmacies (**chemists**) sont habilitées à vendre des médicaments délivrés sur ordonnance. En revanche, les autres médicaments (**aspirins, painkillers**, etc) sont en vente libre dans les supermarchés et les chaînes comme **Boots** et **Superdrug**.
Aux États-Unis, les médicaments délivrés sur ordonnance sont disponibles auprès du rayon **Pharmacy** des **drugstores**. Les autres médicaments sont également disponibles en grande surface.

S'exprimer

j'ai attrapé un rhume
I've caught a cold *aïve côwtt e c**ô**lde*

je suis allergique à l'aspirine
I'm allergic to aspirin
*aïme euleurdjik tou **a**sprine*

j'aurais besoin de quelque chose contre la toux
I need something for a cough
aï nide sommTHinng fore e cofe

je voudrais prendre de l'homéopathie
I'd like to take a homeopathic remedy
*aïde laïke tou teïk e Hômi-ôp**a**THik r**è**meudi*

Comprendre

apply	appliquer
available on prescription only	uniquement sur ordonnance
contra-indications	contre-indications
cough syrup	sirop contre la toux
ointment	pommade
painkiller	analgésique, calmant

to be taken three times a day before meals
à prendre 3 fois par jour avant les repas

do you want powder or tablets?
vous le/ la voulez en poudre ou en cachet ?

PROBLÈMES, URGENCES

Les agents de police britanniques (**policemen** ou **police officers**), reconnaissables à Londres à leur fameux casque bombé, sont seulement armés d'une matraque, contrairement à leurs homologues nord-américains. En Grande-Bretagne, il y a deux types d'agents de la circulation : les **traffic wardens**, chargés uniquement de donner des contraventions, et les **traffic policemen** aux fonctions plus étendues. Seuls ces derniers font partie du corps de la police.

Pour les Objets trouvés, demandez le **Lost Property Office** en Grande-Bretagne ou le **Lost and Found** aux États-Unis.

En cas d'urgence, composez le 999 en Grande-Bretagne ou le 911 aux États-Unis.

Pour commencer

accident	accident *aksideunt*
ambulance	ambulance *ammbiouleunss*
blessé *(adj)*	injured *inndjeurd*
cassé	broken *brôkeun*
handicapé *(adj)*	disabled *disseïbeuld*
incendie	fire *fâyeur*
malade *(adj)*	ill *il*
médecin	doctor *docteur*
police	police *poliss*
pompiers	*(Br)* fire brigade *fâyeur brigueïde*, *(Am)* fire department *fâyeur dipârtmeunte*
urgence	emergency *imeurdjeunssi*

S'exprimer

est-ce que vous pourriez m'aider ?
could you help me?
coude you Hèlp mi?

au secours !
help!
Hèlp!

attention !
watch out!
watche âoute!

c'est urgent !
it's an emergency!
*itss ann im**eu**rdjeunssi!*

est-ce qu'il y a quelqu'un ici qui parle français ?
is there anyone here who speaks French?
*iz Zèr **è**ni-ouane h**i**re Hou spikss fr**è**ntch?*

je dois contacter le consulat
I need to get in touch with the consulate
*aï nide tou guète inn t**eu**tch wiv Ze c**o**nnsyouleïte*

où est le commissariat le plus proche ?
where is the nearest police station?
*ouère iz Ze n**i**reusst polliss st**eï**cheun?*

que dois-je faire ?
what am I supposed to do?
*ouate ame aï seupôzde tou d**ou**?*

on m'a volé mes papiers
my identity papers have been stolen
*maï aïd**è**nntiti p**eï**peurz Hav binn st**ô**wleun*

j'ai perdu …
I've lost… *aïve losst…*

j'ai été agressé
I've been attacked
*aïve binn eut**a**kt*

mon enfant a disparu
my child has gone missing
*maï tch**aï**lde Haz gonne m**i**ssinng*

ma voiture a été emmenée à la fourrière
my car has been impounded
*maï c**â**r Haz binn immp**ao**nndeud*

il y a un homme qui me suit depuis un moment
a man has been following me for some time
*e mann Haz binn f**o**lowinng mi fore somm t**aï**me*

on a forcé la porte de ma voiture
someone has forced open my car door
*s**o**mmouane Haz forsst ôpeun maï c**â**r dôr*

y a-t-il un accès pour handicapés ?
is there disabled access?
iz Zèr disseïbeuld aksess?

pouvez-vous surveiller mes affaires un instant ?
could you look after my things for a minute?
coude you louk âfteur maï THinngz fore e mineutt?

il est en train de se noyer, il faut appeler de l'aide
he's drowning, somebody call for help
Hiz draouninng, sommboddi côl fore Hèlp

il est là-bas
he's over there
Hiz ôveur Zèr

Comprendre

beware of the dog chien méchant
breakdown service service de dépannage
emergency exit sortie de secours
(Br) **lost property,** *(Am)* **lost and found**
bureau des objets trouvés
mountain rescue secours de montagne

Police et douane

S'exprimer

je dois faire une déclaration de vol
I'd like to report something stolen
aïde laïke tou riporte sommTHinng stôleun

j'ai besoin d'un certificat de police pour ma compagnie d'assurance
I need a document from the police for my insurance company
aï nide e dokioumeunt fromm Ze poliss fore maï inncheureunss commpeni

Comprendre

Remplir un formulaire

surname nom
first name prénom

address adresse
post code *(Br)*, **zip code** *(Am)* code postal
country pays
nationality nationalité
date of birth date de naissance
place of birth lieu de naissance
age âge
sex sexe
duration of stay durée du séjour
date of arrival/departure date d'arrivée/de départ
profession profession
passport number numéro de passeport

there is customs duty to pay on this item
il y a des droits de douane à payer sur cet article

can you open this bag, please?
pouvez-vous ouvrir ce sac, s'il vous plaît ?

what has been stolen?
qu'est-ce qu'il vous manque ?

when did this happen?
quand cela s'est-il passé ?

where are you staying?
où logez-vous ?

can you describe him?
pouvez-vous le décrire ?

could you fill in this form, please?
pouvez-vous remplir ce formulaire, s'il vous plaît ?

can you sign here, please?
pouvez-vous signer ici, s'il vous plaît ?

Quelques expressions familières

cop flic
(Br) **to get nicked,** *(Am)* **to get busted** se faire serrer
to get something pinched se faire piquer quelque chose

LA DATE, LE TEMPS

Pour commencer

à l'heure du déjeuner	at lunchtime *ate leuntch t**aï**me*
année	year *yeur*
après	after ***â**fteur*
après-midi	afternoon ***â**fteunoun*
avant	before *bif**o**re*
bientôt	soon *soun*
dans la soirée	in the evening *inn Zi **i**vninng*
de … à …	from… to… *fromm … tou …*
déjà	already *ôlr**è**di*
depuis	since *sinnss*
dernier	last *lâste*
de temps en temps	from time to time *fromm taïme tou taïme*
en avance	early ***eu**rli*
en ce moment	at the moment *ate Ze m**ô**meunt*
encore *(toujours)*	still *st**il***
en début/ milieu/ fin de	at the beginning/ middle/ end of *ate Ze big**i**ninng/ m**i**deul/ ènde ov*
en retard	late *leïte*
entre … et …	between… and… *beutw**i**nn … ènde …*
jour	day *deï*
jusqu'à	until *eunt**il***
longtemps	for a long time *fore e longue taïme*
maintenant	now *nâo*
matin	morning *m**ô**wrninng*
midi	midday *m**i**d-deï*, noon *noun*
ne … jamais	never *n**è**veur*
nuit	night *naïte*
pas encore	not yet *note yèt*
pendant	during *dy**ou**rinng*
prochain	next *nèxt*
rarement	rarely *r**è**rli*
récemment	recently *r**i**sseuntli*
semaine	week *w**i**k*
soir	evening ***i**vninng*

souvent often *offeun*
tard late *leïte*
tôt early *eurli*
toujours *(tout le temps)* always *ôlweillz*
toujours *(encore)* still *stil*
tout de suite right away *raïte eweille*
week-end weekend *wikènnd*

S'exprimer

à bientôt !
see you soon!
si you soun!

à plus tard !
see you later!
si you leïteur!

désolé, je suis en retard
sorry I'm late
sori, aïme leïte

je n'ai pas encore été là-bas
I've not been there yet
aïve note binn Zèr yèt

j'ai tout mon temps
I have plenty of time
aï Hav plènnti ov taïme

dépêchez-vous !
hurry up!
Heuri eup!

je me suis couché tard
I went to bed late
aï wènnte tou bèd leïte

à lundi !
see you on Monday!
si you onn monndeï!

à tout à l'heure !
see you later!
si you leïteur!

on est arrivé trop tard
we arrived too late
wi euraïvd tou leïte

je n'ai pas eu le temps de …
I haven't had time to…
aï Haveunt Hadd taïme tou…

je suis pressé
I'm in a hurry
aïme inn e Heuri

un instant, s'il vous plaît
one moment, please
ouane mômeunt plize

je me suis levé très tôt
I got up very early
aï gote eup vèri eurli

j'ai attendu longtemps
I waited for a long time *aï weïteud fore e longue taïme*

je dois me réveiller très tôt demain pour prendre l'avion
I have to get up very early tomorrow to catch the plane
aï Hav tou guète eup vèri eurli toumôrô tou catch Ze pleïne

l'après-midi, je fais une sieste
I have a nap in the afternoon *aï Hav e napp inn Zi **â**ftenoun*

il ne nous reste plus que 4 jours
we only have four days left *wi **o**nnli Hav fore d**eï**z lèfte*

La date

Comment écrire et dire la date

En anglais britannique, mardi 5 août 2004 s'écrit **Tuesday 5th August 2004**, ou, de plus en plus souvent, simplement **Tuesday 5 August 2004**, et, en abrégé, **5.08.04**. Ce qui, à l'oral, se dit : "Tuesday the fifth of August two thousand and four". En anglais américain, le mois est indiqué avant le jour. On écrit ainsi **Tuesday August 5 2004**, et en abrégé, **8/5/04**, et on lit "Tuesday August fifth two thousand and four". À l'oral, vous entendrez dire par exemple **nineteen thirty** pour parler de l'année 1930, un peu de la même manière qu'en français on dit "dix-neuf cent trente". 204 av. J.-C. s'écrit en anglais **204 BC** *(… bi-si)* et 204 ap. J.-C. s'écrit **204 AD** *(… eï-di)*.

après-demain the day after tomorrow
Ze deï âfteur toumôrô

au début/ milieu / à la fin de
at the beginning/ middle/ end of
*ate Ze big**i**ninng/ m**i**deul/ ènde ov*

aujourd'hui today *toud**eï***

hier yesterday *y**è**sstedeï*

avant-hier the day before yesterday
*Ze deï bif**o**re y **è**sstedeï*

dans deux jours in two days *inn tou deïz*

demain tomorrow *toum**ô**rô*

il y a … … ago *… eugô*

demain matin/ après-midi/ soir
tomorrow morning/ afternoon/ evening
*toum**ô**rô m**ô**wrninng/ **â**ftenoun/ **i**vninng*

hier matin/ après-midi/ soir
yesterday morning/ afternoon/ evening
*y**è**sstedeï m**ô**wrninng/ **â**ftenoun/ **i**vninng*

S'exprimer

je suis né en …
I was born in… *aï waz b**o**rne inn…*

je suis déjà venu il y a plusieurs années
I've been before, several years ago
*aïve binn bif**o**re, sèvreul **yeu**rz eugô*

j'ai passé un mois en Angleterre il y a quelques années
I spent a month in England a few years ago
*aï spènnt e m**o**nnTH inn **i**nngleunde eu fiou yeurz eugo*

je suis venu l'année dernière à la même époque
I came last year at the same time
*aï keïmm l**â**st yeur ate Ze s**eï**mm taïme*

on est le combien aujourd'hui ?
what's today's date?
*ouatss toud**eï**z deïte?*

on est quel jour aujourd'hui ?
what day is it today?
*ouate d**eï** iz ite toud**eï**?*

on est mardi 1er mai
(Br) it's Tuesday, the first of May, *(Am)* it's Tuesday, May first
*itss ty**ou**zdeï, Ze feurst ov m**ei**lle / itss ty**ou**zdeï, m**ei**lle feurst*

je reste jusqu'à dimanche
I'm staying until Sunday
*aïme st**è**yinng euntile s**eu**ndeï*

on s'en va demain
we're leaving tomorrow
*wir l**i**vinng toum**ô**rô*

j'ai déjà quelque chose de prévu mardi
I already have plans for Tuesday
*aï ôlr**è**di Hav plannz fore ty**ou**zdeï*

Comprendre

every day	tous les jours
every Monday	tous les lundis
once	une fois
open on Sunday mornings	ouvert le dimanche matin
three times a day/ an hour	trois fois par jour/ heure
twice	deux fois

it was built in the middle of the nineteenth century
ça a été construit au milieu du dix-neuvième siècle

it comes out once every two weeks
ça sort une fois toutes les deux semaines

there are lots of festivals during the summer
il y a beaucoup de festivals pendant l'été

when are you setting off? quand est-ce que vous repartez ?
how long are you staying? vous restez jusqu'à quand ?

L'heure

Comment dire l'heure

À l'écrit, 14h15 se note **2.15pm** ou **14.15** en Grande-Bretagne, **2:15** aux États-Unis, ou encore **a quarter past two.**

À l'oral, on dit **two fifteen** *(tou fiftine)*, **two fifteen pm** *(tou fiftine pi-ème)* ou **a quarter past two** *(e kwâteur passt tou).*

En effet, pour l'heure, on n'utilise que les nombres de 1 à 12 (on ne dira jamais "fourteen fifteen"). Pour préciser s'il s'agit de deux heures et quart du matin ou de l'après-midi, on ajoute respectivement **am** et **pm** ou **in the morning** et **in the afternoon.**

Pour les heures justes, on utilise **o'clock** : 14 heures s'écrit **two o'clock** ou **2 o'clock** *(tou e-cloque).*

En Grande-Bretagne, seuls les horaires de transports sont parfois annoncés différemment. Pour un train qui part à 14 heures, vous entendrez peut-être dire "fourteen hundred" (**14.00** est ici lu comme quatorze cents).

Pour commencer

à l'heure on time *onn t**aï**me*
de l'après-midi in the afternoon *inn Zi **â**fteunoun*
du matin in the morning *inn Ze m**ô**wrninng*
du soir in the evening *inn Zi **i**vninng*
être en avance to be early *tou bi **eu**rli*

être en retard — to be late *tou bi leïte*
midi — midday *mid-deï*, noon *noun*
minuit — midnight *midnaïte*
trois quarts d'heure — three quarters of an hour *THri kwôteurz ov ann âweur*
une demi-heure — half an hour *Half ann âweur*
un quart d'heure — a quarter of an hour *e kwôteur ov ann âweur*
vingt minutes — twenty minutes *twènti mineutss*

S'exprimer

quelle heure est-il ?
what time is it?
ouate taïme iz ite?

excusez-moi, est-ce que vous auriez l'heure, s'il vous plaît ?
excuse me, do you have the time, please?
ekskiouz mi, dou you Hav Ze taïme plize?

il est …
it's…
itss…

trois heures pile
three o'clock on the dot
THri e-cloque onn Ze dote

presque treize heures
almost one o'clock
ôlmôst ouane e-cloque

une heure dix
ten past one *tèn passt ouane*

une heure et quart
a quarter past one
e kwôteur passt ouane

une heure moins le quart
a quarter to one
e kwôteur tou ouane

midi vingt
twenty past twelve
twènti passt twouèlve

midi moins vingt
twenty to twelve
twènti tou twouèlve

une heure et demie
half past one *Half passt ouane*

je suis arrivé vers deux heures
I arrived around two o'clock
aï euraïvd euraounde tou e-cloque

je me suis couché vers deux heures
I went to bed around two o'clock
aï wènnte tou bèd euraounde tou e-cloque

j'ai mis le réveil à neuf heures
I set the alarm for nine o'clock
aï sètt Zi elarm fore naïne e-cloque

j'ai attendu vingt minutes
I waited for twenty minutes
aï weïteud fore twènti mineutss

le train a eu quinze minutes de retard
the train was fifteen minutes late
Ze treïne waz fiftine mineutss leïte

je suis rentré il y a une heure
I got back an hour ago
aï gote bak ann âweur eugô

on se retrouve dans une demi-heure ?
shall we meet in half an hour?
chèl wi mite inn Half ann âweur?

je serai de retour d'ici un quart d'heure
I'll be back in a quarter of an hour
âl bi bak inn e kwôteur ov ann âweur

il y a trois heures de décalage entre … et …
there's a three-hour time difference between… and…
Zèrz e THri-âweur taïme diffreunss beutwinn… ènde…

Comprendre

open from 10 am to 4 pm ouvert de 10h à 16h sans interruption

it's on every evening at seven o'clock
ça joue tous les jours à 19h

it lasts for around an hour and a half
ça dure environ une heure et demie

it opens at ten o'clock ça ouvre à partir de 10h
it reopens at two o'clock ça rouvre à 2h

LES NOMBRES

En anglais, on utilise une virgule là où on utilise un point en français et vice-versa : 100,5 (cent virgule cinq) s'écrit **100.5 (one hundred point five)** en anglais. 200 000 ou 200.000 (deux cent mille) s'écrit **200,000 (two hundred thousand)** en anglais.

0	zero, o *z**i**rô, ô*
1	one *ouane*
2	two *tou*
3	three *THri*
4	four *fore*
5	five *faïve*
6	six *sixe*
7	seven *s**è**veune*
8	eight *eïte*
9	nine *naïne*
10	ten *tèn*
11	eleven *él**è**veune*
12	twelve *twouèlve*
13	thirteen *THeurtine*
14	fourteen *fortine*
15	fifteen *fiftine*
16	sixteen ***si**xtine*
17	seventeen *s**è**veuntine*
18	eighteen ***eï**tine*
19	nineteen *n**aï**ntine*
20	twenty *tw**è**nti*
21	twenty-one *twènti-ou**a**ne*
22	twenty-two *twènti-t**ou***
30	thirty *TH**eu**rti*
35	thirty-five *TH**eu**rti-faïve*
40	forty *f**o**rti*
50	fifty ***fi**fti*
60	sixty ***si**xti*
70	seventy *s**è**veunnti*
80	eighty ***eï**ti*

90 ninety *na**ï**nnti*
100 one hundred *ouane **Heun**ndreud*
101 one hundred and one *ouane **Heun**ndreud ènde ou**a**ne*
200 two hundred *tou **Heun**ndreud*
500 five hundred *faïve **Heun**dreud*
1,000 one thousand *ouane TH**a**ouzeunde*
2,000 two thousand *tou Th**a**ouzeunde*
10,000 ten thousand *tène TH**a**ouzeunde*
1,000,000 one million *ouane m**i**lieune*
premier first *feurst*
deuxième second *s**è**keunde*
troisième third *THeurde*
quatrième fourth *forTH*
cinquième fifth *fiTH*
sixième sixth *sixTH*
septième seventh *s**è**veunTH*
huitième eighth *eïtTH*
neuvième ninth *naïnnTH*
dixième tenth *tènTH*
vingtièmetwentieth *tw**è**nti-euTH*
vingt et unième twenty-first *tw**è**nti-feurst*
trentième thirtieth *TH**eu**rti-euTH*
quarantième fourtieth *f**o**rti-euTH*
cinquantième fiftieth *f**i**fti-euTH*
soixantième sixtieth *s**i**xti-euTH*
soixante-dixième seventieth *s**è**veunti-euTH*
quatre-vingtième eightieth ***eï**ti-euTH*
quatre-vingt-dixième ninetieth *n**aï**nti-euTH*
20 plus 3 égale 23 twenty plus three equals twenty-three
*tw**è**nti pleuss THri **i**kwôlz twènti-THri*
20 moins 3 égale 17 twenty minus three equals seventeen
*tw**è**nti maïneuss THri **i**kwôlz s**è**veuntine*
20 multiplié par 4 égale 80 twenty multiplied by four equals eighty
*tw**è**nti meultiplaïde baille fore **i**kwolz **eï**ti*
20 divisé par 4 égale 5 twenty divided by four equals five
*tw**è**nti div**aï**deud baille fore ikwolz faïve*

A

à : aller à Paris to go to Paris; **être à Paris** to be in Paris; **aller à la gare** to go to the station; **à 2 km** 2 km away; **je vais à Paris/ à la gare** I'm going to Paris/to the station; **à 3 heures** at 3 o'clock

abbaye abbey

abeille bee

abîmé damaged

abord : d'abord first (of all)

abordable (prix, marchandises) affordable

accepter to accept

accès access 140

accident accident 47

accompagner (aller avec) to go with; (venir avec) to come with; (en voiture) to take

accord : d'accord OK; **je suis d'accord** I agree

accueil reception

accueillant welcoming

accusé de réception acknowledgement of receipt

acheter to buy 106

adaptateur adaptor

addition *(Br)* bill, *(Am)* check 69

adolescent teenager

adorer to love 35

adresse address

adresse e-mail e-mail address 124

adulte adult

aéroport airport 48

affaires (commerce) business; (personnelles) things

affiche poster

âge age 32; **quel âge as-tu ?** how old are you?

agence de voyages travel agency

aggraver (s') to get worse 135

agréable nice

agresser to attack 139

aide help

aider to help

ailleurs somewhere else; **d'ailleurs** (au fait) by the way

aimer (apprécier) to like 35, 87; (d'amour) to love; **j'aimerais** I'd like 87

air air; **en plein air** outside 88; **avoir l'air ...** to look...

alcool alcohol

alcool à 90° *(Br)* surgical spirit, *(Am)* rubbing alcohol

algues seaweed

Allemagne Germany

Allemand German

allemand German

aller *(n)* outward journey; **un aller (simple)** *(Br)* a single (ticket), *(Am)* a one-way (ticket) 39

aller *(v)* to go 26, 29; **comment allez-vous ?** how are you?; **je vais bien** I'm very well; **ça va ?** how are you?; **ça va** I'm fine; **ça vous va ?** does that suit you?; **ça vous va bien** it really suits you 112

aller (s'en) to go (away)

allergique allergic 136

aller-retour *(Br)* return (ticket), *(Am)* round-trip (ticket)

allô hello 129

allumer (feu, cigarette) to light; (lumière) to switch on

allumette match
alors (donc) so ; (à ce moment-là) then
ambassade embassy
ambiance atmosphere 36
ambulance ambulance 133
amende fine
amener to bring
Américain American
américain American
ami(e) friend 33 ; **petit ami** boyfriend ; **petite amie** girlfriend
amour love
ampoule (électrique) (light) bulb ; (sur la peau) blister
amusant funny
amuser (s') to enjoy oneself 36
an year 32 ; **j'ai 22 ans** I'm 22 (years old)
analgésique painkiller
ancien (vieux) old 91 ; (qui n'est plus) former
anesthésie *(Br)* anaesthetic, *(Am)* anesthetic
angine sore throat
Anglais English person
anglais English
Angleterre England
animal animal
animé (lieu) busy 35
année year ; **bonne année !** Happy New Year!
anniversaire (de naissance) birthday ; (d'événement) anniversary ; **bon anniversaire!** happy birthday! ; **anniversaire de mariage** wedding anniversary
annuaire directory ; **annuaire (téléphonique)** telephone directory
annuler to cancel 41
antibiotique antibiotic 135
antiquités antiques
août August
apéritif aperitif ; **prendre l'apéritif** to have a drink before lunch/dinner
appareil : qui est à l'appareil ? who's calling?
appareil photo camera 117
appartement *(Br)* flat, *(Am)* apartment
appel (téléphonique) call 127
appeler to call 129, 130 ; **s'appeler** to be called ; **je m'appelle …** my name is…
appendicite appendicitis
appétit : bon appétit ! enjoy your meal!
apporter to bring 67, 89
apprendre to learn 28 ; (nouvelle) to hear
après after
après-demain the day after tomorrow
après-midi afternoon 144
appuyer to press ; **appuyer sur quelque chose** to press something 116
araignée spider
argent (monnaie) money 107, 118, 119
arnaque rip-off
arrêt stop 44 ; **sans arrêt** continuously
arrêt de bus bus stop 44
arrêter to stop ; **s'arrêter** to stop
arrivée arrival
arriver (quelque part) to arrive 33, 42 ; (se passer) to happen ; **arriver à** (réussir à) to manage to (atteindre) to reach
art art
article (achat) item
artisanal (objet) traditionally made
artiste artist
ascenseur *(Br)* lift, *(Am)* elevator
aspirine aspirin

asseoir (s') to sit down 26
assez (suffisamment) enough 64; (plutôt) quite 30; **assez de** enough 107
assiette plate
assurance insurance 140
assurance tous risques comprehensive insurance 47
asthme asthma 135
attendre to wait 65, 119, 143; **attendre quelqu'un/quelque chose** to wait for someone/ something
attention : faire attention to be careful; **attention !** watch out!
attrape-touristes tourist trap
auberge de jeunesse youth hostel
aucun(e) *(adj)* no, not any; **aucune idée** no idea
aucun *(pronom)* none
aujourd'hui today 133, 145
aussi too, also 92; **moi aussi** me too; **aussi bien que** as well as
auteur author
autobus bus
automne *(Br)* autumn, *(Am)* fall
autoroute *(Br)* motorway, *(Am)* freeway
autre other; **un(e) autre** another 53, 55, 70; **d'autres** others; **autre chose** something else
avance : à l'avance in advance 87, 88; **en avance** early
avant before; **avant de faire** before doing; **roue avant** front wheel
avant-hier the day before yesterday
avec with 52, 54, 69
avenue avenue
aveugle blind
avion plane, *(Br)* aeroplane, *(Am)* airplane; **par avion** (courrier) airmail
avis : changer d'avis to change one's mind
avoir to have *(voir grammaire)*
avril April

B

baby-sitter babysitter
bagages luggage, baggage 42, 43
bagages à main hand luggage 42
baigner (se) (nager) to go for a swim
bain bath; **prendre un bain** to have a bath
balader (se) (à pied) to go for a walk; (en voiture) to go for a drive
balcon balcony
bandage bandage
bande dessinée comic strip
banlieue suburb
banque bank 118
bar bar
barbecue barbecue
bas *(n)* (niveau inférieur) bottom; **en bas** at the bottom (à l'étage inférieur) downstairs
bas *(adj)* low
basilique basilica
bateau boat
bâtiment building
bâton de ski ski pole
batterie battery 46
beau, belle beautiful; (homme) handsome
beaucoup (de) (quantité) a lot of; (nombre) many, a lot of 69; **beaucoup plus** much more, a lot more
bébé baby
Belge Belgian
belge Belgian

Belgique Belgium
besoin : avoir besoin de to need 133
beurre butter
biberon baby's bottle
bicyclette bicycle
bien *(adj)* good
bien *(adv)* well ; **j'aimerais bien ...** I'd like... 87 ; **bien sûr** of course
bientôt soon 130 ; **à bientôt !** see you soon!
bienvenu welcome ; **bienvenue !** welcome!
bière beer
bijouterie *(Br)* jeweller's, *(Am)* jewelry shop
bijoux *(Br)* jewellery, *(Am)* jewelry
billet (de transport) ticket 40 ; (de banque) *(Br)* (bank)note, *(Am)* bill
billetterie ticket office
bio (produits) organic
bise kiss ; **faire la bise à quelqu'un** to kiss someone on both cheeks
blanc white
blessé injured
bleu *(n)* (sur la peau) bruise
bleu *(adj)* (couleur) blue ; (steak) rare
blond blond
bloqué stuck 46
blouson jacket
boire to drink 67
bois wood
boisson drink 69, 89
boîte (caisse) box
boîte aux lettres (privée) letterbox ; (publique) *(Br)* postbox, *(Am)* mailbox 122
boîte de conserve can
boîte de nuit (night)club 89
boîte de vitesses gearbox
bol bowl
bon (savoureux) good ; (exact) right ; **bon marché** cheap
bondé packed
bonjour (le matin) hello, good morning ; (l'après-midi) hello, good afternoon
bonsoir hello, good evening
bord : au bord de la mer at the seaside
bosse bump
bottes boots
bouche mouth
boucherie butcher's
bouchon (de bouteille) cork ; (embouteillage) traffic jam 46
boucles d'oreilles earrings
bouée buoy
bougie (de cire) candle ; (de voiture) spark plug
boulangerie baker's
boule : une/deux boule(s) (de glace) one/two scoop(s)
boules Quiès earplugs
bout : un bout de ... a bit of...
bouteille bottle
bouteille de gaz gas cylinder
boutique *(Br)* shop, *(Am)* store
bouton (sur la peau) spot ; (de vêtement, d'un appareil) button
bracelet bracelet
brancher to plug in 131
bras arm
briquet lighter
brochure brochure
bronchite bronchitis
bronzé tanned
bronzer (brunir) to tan ; (s'exposer) to sunbathe
brosse brush
brosse à dents toothbrush
brouillard fog

bruit noise; **faire du bruit** to make a noise
brûler to burn; **se brûler** to burn oneself
brûlure burn
brun brown
bruyant noisy **56**
bureau de poste post office
bureau de tabac *(Br)* tobacconist's, *(Am)* tobacco store
bus bus

C

ça that; (plus près) this; (sujet indéfini) that, it
cabine d'essayage fitting room, changing room
cabine téléphonique phone booth, *(Br)* phone box
caddie *(Br)* trolley, *(Am)* cart
cadeau present **112**
cafard cockroach
café (boisson) coffee; (lieu) café
café au lait white coffee, coffee with milk
café crème white coffee, latte
café Internet Internet café
cahier notebook
caisse (boîte) box; (où payer) cashdesk; (dans un supermarché) checkout
caleçon (sous-vêtement) boxer shorts; (de bain) swimming trunks
caleçon long leggings
calme quiet
caméra camera
camion truck, *(Br)* lorry
campagne country(side)
camping (activité) camping; (terrain) campsite; **faire du camping** to go camping
camping-car camper
camping-gaz camping stove
car (bus) bus
carafe jug **67**
caravane caravan
cardiaque cardiac
carie : avoir une carie to have a cavity
carnet de tickets book of tickets
carte (menu) menu; (géographique) map **86**; (à jouer) card; (document officiel) card
Carte Bleue debit card
carte de crédit credit card **53, 120**
carte de téléphone phonecard
carte de visite business card
carte d'identité identity card
carte postale postcard
cas : au cas où just in case; **en cas de ...** in case of...
casque helmet
casquette cap
cassé broken
casse-croûte snack
casser to break **59**; (couple) to split up; **se casser la jambe** to break one's leg
casserole (sauce)pan
cathédrale cathedral
catholique (Roman) Catholic
cause : à cause de because of
caution deposit
CD CD
ce this; (plus loin) that **109**
ceinture belt
ceinture de sécurité safety belt
cela that

celle-ci this one 109
celle-là that one 109
celui-ci this one 109
celui-là that one 109
cendrier ashtray
centimètre (unité de mesure) *(Br)* centimetre, *(Am)* centimeter
centre centre, *(Am)* center 56
centre commercial *(Br)* shopping centre, *(Am)* shopping mall
centre-ville *(Br)* town centre, *(Am)* downtown
certain certain
ces these; (plus loin) those
c'est it's; **c'est très bon** it's very good; **c'est annulé** it's been cancelled
cette this; (plus loin) that
ceux-ci these ones
ceux-là those ones
chacun each one
chaîne chain; (hi-fi) hi-fi; (de télévision) channel
chaise chair
chaleur heat
chambre room 55
chambre à air inner tube
chambre d'hôtes guest house
chance luck; **bonne chance !** good luck!; **avoir de la chance** to be lucky 37
changement change 45
changer to change; **se changer** to get changed, to change
chanson song
chapeau hat
chapelle chapel
chaque each, every
charcuterie (magasin) pork butcher's; (produits) cooked meats
chasse d'eau flush
château castle
chaud hot; **il fait chaud** it's hot
chauffage heating
chauffe-eau water heater
chauffeur de taxi taxi driver
chaussettes socks
chaussures shoes
chaussures de marche walking boots
chaussures de ski ski boots 100
chef (dirigeant) boss; (cuisinier) chef
chemin path; (direction) way
cheminée (foyer) fireplace; (conduit) chimney
chemise (vêtement) shirt; (de carton) folder
chemise de nuit nightdress
chèque *(Br)* cheque, *(Am)* check
chèque de voyage traveller's cheque
cher (coûteux) expensive; (dans une lettre) dear
chercher to look for 29, 111, 117; **aller chercher quelqu'un/quelque chose** to go and fetch someone/something
cheval horse
cheveux hair
cheville ankle
chez : chez soi at home; **je rentre chez moi** I'm going home; **je suis allé chez lui** I went to his place; **je vais chez ma sœur** I'm going to my sister's (place)
chinois Chinese
choc shock
chocolat chocolate
choisir to choose
choix choice
choquant shocking
chose thing

ciel sky
cigare cigar
cigarette cigarette 89
cimetière cemetery
cinéma *(Br)* cinema, *(Am)* movies ; (salle) *(Br)* cinema, *(Am)* movie theater
cintre coathanger
circulation (de voiture) traffic ; (du sang) circulation
cirque circus
ciseaux scissors
clair light ; **bleu clair** light blue
classe class ; **première/deuxième classe** first/second class ; **classe affaires/économique** business/ economy class
classique classic ; (musique) classical 88
clé key
cliché *(n)* cliché
clignotant *(Br)* indicator, *(Am)* flasher
climat climate
climatisation air conditioning 56
club club
cochon pig
code code
code confidentiel PIN (number) 120
code d'entrée door code
code postal *(Br)* postcode, *(Am)* zip code
cœur heart
coffre (de voiture) *(Br)* boot, *(Am)* trunk
coiffeur hairdresser
coin (angle) corner 110 ; **un coin magnifique** a beautiful spot ; **dans le coin** around here 53
coincé stuck
colère : en colère angry
colis parcel
collants *(Br)* tights, *(Am)* pantihose
colle glue
colline hill
colonie de vacances *(Br)* holiday camp, *(Am)* summer camp
combien (nombre) how many? ; (quantité) how much? ; **combien ça coûte ?** how much does it cost? ; **combien de temps ... ?** how long...? ; **depuis combien de temps ... ?** for how long...? ; **on est le combien ?** what's today's date?
combinaison de plongée wetsuit
commander (nourriture) to order 67
comme (pareillement) like, as ; (parce que) as
commencer to start, to begin 135
comment how 25 ; **comment ?** (pardon?) *(Br)* pardon?, *(Am)* excuse me? ; **comment allez-vous ?** how are you?
commerces *(Br)* shops, *(Am)* stores
commissariat (central) police station 139
commission (de change) commission 119
compagnie aérienne airline
compartiment compartment
complet (plein) full 57, 65
comprendre to understand 26, 36
comprimé tablet 137
compris (service, assurance) included 70 ; **tout compris** all inclusive
comptant : payer comptant to pay cash
compte account
compte bancaire bank account
compter to count; **compter sur** to count on

compteur électrique electricity meter 59
concert concert 84, 88
conduire to drive ; (quelqu'un) to take 30
confirmer (vol) to confirm 42
confortable comfortable
congélateur freezer
connaître to know 28, 33, 130
connu famous 87
conseil : un conseil a piece of advice ; **des conseils** advice ; **demander conseil à quelqu'un** to ask someone's advice
conseiller to advise, to recommend 33
consigne (pour bagages) *(Br)* left-luggage office, *(Am)* checkroom
consommation (boisson) drink
consommer (boire) to drink
constipé constipated
construit en … built in…
consulat consulate 139
contact contact ; **rester en contact** to stay in touch 34
contacter to contact
contagieux contagious 136
contemporain contemporary
content pleased
continuer to continue, to go on ; **continuer à faire quelque chose** to carry on doing something
continuation : bonne continuation ! all the best!
contraceptif contraceptive
contraire opposite ; **au contraire** on the contrary
contrat contract
contre against 136
coordonnées address and telephone number
copain friend ; **petit copain** boyfriend 89
copine friend ; **petite copine** girlfriend
corps body
correspondance (changement) connection 42
côte (maritime) coast 96 ; (du corps) rib
côté side ; **à côté de** beside
coton (hydrophyle) cotton wool ; (textile) cotton
coton-tige *(Br)* cotton bud, *(Am)* Q-tip
cou neck
couche (pour bébé) *(Br)* nappy, *(Am)* diaper
coucher : se coucher to go to bed 143 (s'allonger) to lie down ; **coucher avec** to sleep with
coucher du soleil sunset
couchette couchette
couleur *(Br)* colour, *(Am)* color 111
coup : ça vaut le coup it's worth it ; **aller boire un coup** to go for a drink 63
coup de soleil ; prendre un coup de soleil to get sunburnt
coupe-ongles nail clippers
couper to cut ; **on a été coupés** [(au téléphone) we got cut off ; **coupé en tranches** sliced ; **se couper** to cut oneself
courage courage ; **bon courage !** good luck!
courant : être au courant (de) to know (about)
courrier mail, *(Br)* post 122
cours (leçon) class 101
courses shopping ; **faire des/ les courses** to do some/ the shopping 53
court short

couteau knife
coûter to cost 40, 93, 99; **combien ça coûte ?** how much is it?, how much does it cost?
couverture blanket; (de livre) cover
couvrir to cover
cravate tie
crayon pencil
crème cream
crème à raser shaving cream
crème fraîche crème fraîche
crème hydratante moisturizer
crème solaire sun cream
crevé (pneu) burst
crever (pneu) to burst
crise cardiaque heart attack
crise d'appendicite appendicitis
croire to believe; (penser) to think; **je crois que ...** I think (that)...
croisière cruise
cru raw
cuillère spoon
cuillère à café teaspoon
cuillère à soupe tablespoon
cuire to cook; (gâteau, pain) to bake
cuisine (fait de cuisiner) cooking; (pièce) kitchen 54; **faire la cuisine** to do the cooking
cuisse thigh
cuit cooked; **bien cuit** well done; **trop cuit** overdone
culotte (de femme) *(Br)* pants, *(Am)* panties; (d'enfant) pants
cybercafé Internet café 124

D

dangereux dangerous
dans in; **dans une heure** in an hour; **dans la soirée** in the evening
danse dance
danser to dance
date date
date de naissance date of birth
date d'expiration expiry date
date limite deadline
dater (de) to date (from) 92
de of; **le vélo de David** David's bike; **de ... à ...** from... to...; **du pain** (some) bread; **des œufs** (some) eggs
dé (à jouer) dice
début beginning, start; **au début** at the beginning; **en début de** at the beginning of
débutant beginner 99
décalage (horaire) time difference 148; (après un vol) jetlag
décapsuleur bottle opener
décembre December
décider to decide
déclaration (de perte, vol) statement 42, 140
déclarer (à la douane) to declare
décoller (avion) to take off
déçu disappointed
dedans inside
défaut (de personne) flaw
dégonflé (pneu) flat
degré (température) degree
dehors outside
déjà already 145
déjeuner *(n)* lunch
déjeuner *(v)* to have lunch
demain tomorrow; **à demain !** see you tomorrow!; **demain soir** tomorrow evening
demander to ask
démanger : ça me démange it's itchy
demi half 67; **un demi-litre/-kilo** half a litre/kilo; **une demi-heure** half an

hour; **une heure et demie** an hour and a half; **un demi** (bière) a beer, *(Br)* a half-pint
demi-pension half-board
demi-tour U-turn
dent tooth; **des dents** teeth
dentifrice toothpaste
dentiste dentist
déodorant deodorant
dépannage : service de dépannage breakdown service
départ departure
dépêcher (se) to hurry (up) **143**
dépendre : ça dépend (de) that depends (on) **112**
dépenser to spend
dépliant (prospectus) leaflet
déposer : déposer quelqu'un (en voiture) to drop someone off **48**
depuis since; **depuis que** since; **depuis quand êtes-vous ici ?** how long have you been here?
déranger to disturb
dernier last; **70**; **au dernier moment** at the last minute; **l'année dernière** last year **145**
derrière behind
des voir *de*
dès from; **dès que** as soon as
désagréable unpleasant
descendre (transports) to get off **44**
désert desert
désinfecter to disinfect
désolé (navré) sorry **26**
dessert dessert **67**
dessous underneath; **en dessous (de)** below
dessus above; **au-dessus (de)** above
destinataire addressee
détendre (se) to relax
détester to hate
devant in front of
développer : faire développer une pellicule to get a film developed **117**
devenir to become
devise currency
devoir (obligation) to have to **85, 143**; (argent) to owe **70**; **je dois y aller** I have to go, I must go; **il doit être 5h** it must be 5 o'clock; **vous devriez …** you should…
diabète diabetes
diapositive slide
diarrhée : avoir la diarrhée *(Br)* to have diarrhoea, *(Am)* to have diarrhea
diesel diesel
différent (de) different (from)
difficile difficult
dimanche Sunday
diminuer to reduce
dîner *(n)* dinner
dîner *(v)* to have dinner
dire to say **25**; **vouloir dire** to mean **28**; **comment dit-on … ?** how do you say… ?; **ça te dit ?** does that sound OK to you?
direct direct
directement directly
direction (sens) direction **48**; (entreprise) management; **le train en direction de Leeds** the train to Leeds
disquaire record dealer
disque record
distributeur (automatique de billets) *(Br)* cashpoint, *(Am)* ATM **119**
docteur doctor **133, 134**
doigt finger

dommage : c'est dommage it's a pity; **quel dommage !** what a pity!
donc so, therefore
donner to give
dont whose; **l'hôtel dont il me parlait** the hotel he told me about
dormir to sleep; **dormir à la belle étoile** to sleep out in the open
dos back
douane customs 141
doublé (film) dubbed
doucement (délicatement) gently; (bas) softly; (lentement) slowly
douche shower; **prendre une douche** to take a shower
drap sheet
drogue drug
droit *(n)* right; **avoir le droit de …** to have the right to…
droit *(adj)* right; **le côté droit** the right-hand side
droit *(adv)*; **tout droit** straight on, straight ahead 30
droite right; **à droite (de)** to the right (of) 30
drôle funny 36
du voir *de*
dur hard
durer to last 88, 148

E

eau water
eau gazeuse sparkling water
eau minérale mineral water
eau plate still water
échanger to exchange
écharpe scarf
école school
écouter to listen; **écouter quelqu'un/ quelque chose** to listen to someone/ something
écrire to write
effort effort; **faire un effort** to make an effort
égal : ça m'est égal I don't mind
église church
électrique electric
elle she
elles they
e-mail e-mail
embarquement boarding 42, 43
embarquer to board
embouteillage traffic jam 46
embrayage clutch
emmener (en voiture) to take
emplacement (de camping) place
emporter to take; **à emporter** *(Br)* takeaway, *(Am)* takeout
emprunter to borrow
en in; **en France/1995/anglais** in France/1995/English; **je vais en France** I'm going to France; **en voiture** by car
enceinte pregnant 135
enchanté ! pleased to meet you!
encore (toujours) still; (davantage) more; (de nouveau) again; **pas encore** not yet 67; **encore plus** even more
endormir (s') to fall asleep
enfant child; **des enfants** children
enflé swollen
enlever to remove
ennuyer (s') to be bored
enregistrement (des bagages) check-in 42
enregistrer (musique) to record; (bagages) to check in

enrhumé : être enrhumé to have a cold
ensemble together
ensuite then, next
entendre to hear; **bien s'entendre (avec quelqu'un)** to get on well (with someone); **mal s'entendre (avec quelqu'un)** not to get on (with someone)
entier whole; **le gâteau en entier** the whole cake
entracte interval, intermission 88
entre between; **entre midi et deux** between midday and two; **entre 3 et 5 jours** between 3 and 5 days
entrée (lieu) entrance, way in; (de repas) starter; (prix) admission 91
entrer (aller) to go in; (venir) to come in
enveloppe envelope
envie : avoir envie de to want to
environ about, around 124; **dans les environs** in the vicinity
envoyer to send 122
épaule shoulder
épicé spicy, hot 64
épicerie grocer's
épileptique epileptic
éponge sponge
épuisé (fatigué) exhausted; (marchandises) out of stock
équipe team
erreur mistake
escalade climbing
escalier stairs
Espagne Spain
Espagnol Spaniard
espagnol Spanish
espérer to hope; **j'espère que ...** I hope that...
essayer to try; (vêtement) to try (on) 110; **essayer de faire quelque chose** to try to do something
essence *(Br)* petrol, *(Am)* gas
est east; **à l'est** in the east; **à l'est de** (to the) east of
estomac stomach
et and
étage floor
état state; **l'État** the State
États-Unis United States
été summer
éteindre (cigarette) to put out; (appareil) to switch off 88
étonner to surprise
étranger *(n)* foreigner; **à l'étranger** abroad
étranger *(adj)* foreign
être to be *(voir grammaire)*; **je suis Français** I'm French; **est-ce que tu es content ?** are you happy?; **c'est beau** it's beautiful
études studies; **faire des études de biologie** to study biology
étudiant student 32, 40
euro euro
eurochèque Eurocheque
Europe Europe
européen European
eux them
évanouir (s') to faint
évident obvious
excédent (de bagages) excess; **j'avais un excédent de bagages de 15 kilos** my luggage was 15 kilos overweight
exceptionnel exceptional; **ça n'a rien d'exceptionnel** it's nothing special
excursion trip
excuse excuse

excuser (s') to apologize ; **excusez-moi** (je suis désolé) I'm sorry (pour attirer l'attention) excuse me
exemple example ; **par exemple** for example
expéditeur sender
expliquer to explain
exposition exhibition
exprès on purpose ; **en exprès** by special delivery
express express ; (café) expresso, espresso
expresso expresso, espresso
exprimer(s') to express oneself

F

face face ; **en face** opposite ; **en face de** opposite
fâché angry
facile (à) easy (to) 112
façon way ; **de toute façon** anyway
facteur *(Br)* postman, *(Am)* mailman
facture bill
faible weak 134
faim : avoir faim to be hungry 64
faire to do, to make 28, 32, 85, 101 ; **ça fait 2 ans que je n'ai pas pris de vacances** I haven't taken a holiday for 2 years ; **ça ne fait rien** it doesn't matter
fait *(n)* fact ; **en fait** in fact ; **au fait** by the way
fait *(adj)* ; **fait main** hand-made
falaise cliff
falloir : il faut faire attention you/we/etc must be careful ; **il faut se dépêcher** we must hurry ; **il me faut de nouvelles chaussures** I need new shoes ; **il faut que j'y aille** I must go ; **il faut que vous le voyiez** you must see it
famille family 32
fast-food fast-food restaurant
fatigant tiring
fatigué tired
faute (erreur) mistake
fauteuil roulant wheelchair
faux (incorrect) wrong ; (mensonger) false
fax fax
félicitations ! congratulations!
femme (de sexe féminin) woman ; (épouse) wife
fenêtre window
fer à repasser iron
férié : jour férié public holiday ; **lundi est férié** Monday is a public holiday
fermé closed, shut
fermer to close, to shut 70
fermeture closing
fermeture éclair *(Br)* zip, *(Am)* zipper
ferry ferry
fesses bottom
festival festival 146
fête party ; **faire la fête** to party
fête foraine funfair
fête nationale national holiday
feu fire ; **tu as du feu ?** do you have a light?
feu rouge red light
feux d'artifice fireworks
février February
fiancé fiancé ; **être fiancé** to be engaged
fiancée fiancée
fier (de) proud (of)
fièvre fever ; **avoir de la fièvre** to have a fever 135
fille girl ; (de parents) daughter
film movie, *(Br)* film

fils son
fin *(n)* end ; **en fin de, à la fin de** at the end of
fin *(adj)* fine
finalement finally
finir to finish
flash flash
fleuve river
foie liver
foire fair
fois time 146 ; **combien de fois ... ?** how many times...? ; **une fois** once ; **deux fois** twice ; **trois/ quatre fois** three/four times
folklorique traditional
foncé dark ; **bleu foncé** dark blue
fond bottom ; **au fond de** (récipient) at the bottom of (espace) at the back of
forêt forest
forfait (pour transports, ski) pass 100
formulaire form 141
fort (personne, goût) strong ; (son) loud
foulard scarf
fouler : se fouler la cheville to sprain one's ankle 135
four oven
fourchette fork
fourmi ant
fourrière pound 139
foutu : mon appareil photo est foutu my camera has had it ; **c'est foutu pour ce soir** we can forget tonight
fracture fracture
fragile fragile
frais (temps) chilly ; (aliment) fresh ; (boisson) cold
Français French person
français French
France France
frein brake
frein à main handbrake
freiner to brake
frère brother
frigidaire refrigerator, *(Br)* fridge
froid cold ; **il fait froid** it's cold ; **avoir froid** to be cold ; **prendre froid** to catch cold
front forehead
frontière border
fuite leak
fumer to smoke 89
fumeur smoker ; **non-fumeur** non-smoker 69 ; **fumeurs** (salle, compartiment) smoking, 66
fusible *(Br)* fuse, *(Am)* fuze

G

gâcher to waste
gagner to win ; (de l'argent) to earn ; (du temps) to save
galerie gallery
gant glove
gant de toilette facecloth
garage garage 46
garantie guarantee
garçon (enfant) boy ; (serveur) waiter
garder to keep
gare (train) station
gare routière bus station
garer (se) to park
gauche left ; **à gauche (de)** to the left (of) 30
gaz gas
gaze (bandage) gauze
gazeux (boisson) fizzy
gel (eau gelée) frost ; (pour les cheveux) gel
gel douche shower gel

généraliste (médecin) *(Br)* GP, *(Am)* family practitioner
genou knee
genre : quel genre de ... ? what kind of...? 87
gens people; **les gens** people
gentil nice
glace (eau gelée) ice; (à manger) ice cream; (miroir) mirror
glaçon ice cube 69
golf golf
gorge throat 135
gourde flask
goût taste
goûter *(n)* (afternoon) snack
goûter *(v)* to taste
gouttes (pour les oreilles, les yeux) drops
grâce à thanks to
grammes grams
grand big; (haut) tall
Grande-Bretagne (Great) Britain
grandir to grow; **j'ai grandi en France** I grew up in France
gras fat
gratuit free 91
grave serious136; **ce n'est pas grave** it doesn't matter
Grec Greek
grec Greek
Grèce Greece
grippe flu
grippe intestinale gastric flu
gris *(Br)* grey, *(Am)* gray
gros big
groupe group
guêpe wasp
guérir (aller mieux) to get better
gueule de bois hangover 69
guide (livre) guide(book); (personne) guide
guide des spectacles listings magazine 86
gynécologue *(Br)* gynaecologist, *(Am)* gynecologist

H

habiller (s') to get dressed
habiter to live
habitude habit; **d'habitude** usually; **j'ai l'habitude** I'm used to it; **je n'ai pas l'habitude de manger aussi tôt** I'm not used to eating so early
hanche hip
handicapé handicapped, disabled 140
hasard : par hasard by chance
haschich hashish
haut *(n)* (niveau supérieur) top; **en haut** at the top (à l'étage supérieur) upstairs
haut *(adj)* high
héberger to put up
hémorroïdes piles
herbe grass
hésiter to hesitate
heure hour 147, 148; **à quelle heure... ?** what time...?; **à 5 heures** at five o' clock; **à l'heure** on time; **à tout à l'heure** see you later
heure locale local time
heureux happy
hier yesterday; **hier soir** yesterday evening, last night
histoire (passé) history; (récit) story
hiver winter
Hollandais Dutch person
hollandais Dutch

Hollande Holland, the Netherlands
homéopathie *(Br)* homoeopathy, *(Am)* homeopathy
homme man 110
homosexuel homosexual
honnête honest
hôpital hospital
horaires (de transports) timetable 40
hors service out of order
hôtel hotel
hôtel de ville *(Br)* town hall, *(Am)* city hall
huile oil
humide damp
hypertension high blood pressure
hypotension low blood pressure

I

ici here 31, 33, 53; **d'ici un quart d'heure** in a quarter of an hour
il he
il y a; **il y a un château** there is a castle; **il y a 2 musées** there are 2 museums; **il y a 2 ans** 2 years ago
île island
ils they
immeuble (bâtiment) building; (d'habitation) *(Br)* block of flats, *(Am)* apartment block
imperméable *(n)* raincoat
imperméable *(adj)* waterproof
important important
impossible impossible
imprimer to print
incendie fire
indépendant independent
indicatif (téléphonique) *(Br)* dialling code, *(Am)* dialing code 130
infection infection
infirmière nurse
informations (renseignements) information 91; (nouvelles) news
inquiéter (s') to worry
inscrire (s') to sign up
insecte insect
insecticide insecticide
insolation sunstroke
insomnie insomnia
instant : un instant, s'il vous plaît one moment, please
intention : avoir l'intention de ... to intend to... 33
interdit forbidden
intérieur : à l'intérieur inside 89
international international
Internet Internet
intoxication alimentaire food poisoning
invité guest
inviter to invite
Italie Italy
Italien Italian
italien Italian

J

jamais never 101; **ne ... jamais** never; **si jamais** if ever; **le meilleur spectacle que j'ai jamais vu** the best show I've ever seen
jambe leg
janvier January
Japon Japan
japonais Japanese
jardin garden
jaune yellow
je I
jean jeans
jetable disposable 116

jeter to throw ; (à la poubelle) to throw out
jeudi Thursday
jeune *(n)* young person **92**
jeune *(adj)* young
jogging (sport) jogging ; (tenue) jogging suit
joli pretty
jouer to play **98, 101** ; **ça joue à ...** it's on at...
jouet toy
jour day ; **de nos jours** nowadays
journal newspaper
journée day **100**
juillet July
juin June
jumelles (pour voir) binoculars
jupe skirt
jus juice ; **jus de fruit** fruit juice
jusqu'à until **30, 110, 145**
juste (équitable) fair ; **juste avant/un peu** just before/a little

K

kayak kayak
kilomètre *(Br)* kilometre, *(Am)* kilometer
kiosque à journaux newsstand
Kleenex Kleenex
K-way waterproof jacket **100**

L

la (article) the ; (pronom) her
là there **30**
là-bas over there **140**
lac lake
là-haut up there ; (à un étage supérieur) upstairs
laine wool
laisser (permettre) to let ; (abandonner) to leave **58, 130** ; **laissez-moi tranquille** leave me alone ; **laisser tomber** to drop
lait milk
lait après-soleil after-sun (lotion)
lait hydratant moisturizing lotion
laitue lettuce
lame de rasoir razor blade
lampe lamp
lampe de poche *(Br)* torch, *(Am)* flashlight
langue (organe) tongue ; (langage) language
large wide
lavabo *(Br)* washbasin, *(Am)* washbowl
laver to wash ; **se laver** to have a wash ; **se laver les dents** to clean one's teeth ; **se laver les cheveux** to wash one's hair
laverie *(Br)* launderette, *(Am)* Laundromat
lave-vaisselle dishwasher
le (article) the ; (pronom) him
léger light
légume vegetable
lent slow
lentement slowly **26**
lentilles (de contact) lenses **133**
les (article) the ; (pronom) them
lessive washing powder; **faire la lessive** to do the washing
lettre letter
leur (adj possessif) their ; (pronom personnel) them ; **leurs** their ; **le/la leur** [(pronom possessif) theirs ; **les leurs** theirs
levée (poste) collection **122**
lever (se) to get up **143**
lever du soleil sunrise
lèvre lip
librairie *(Br)* bookshop, *(Am)* bookstore

libre (chambre) available **55, 134**; (toilettes, place, personne) free **40**
lieu place; **au lieu de** instead of
ligne line **44**; **ligne de métro** *(Br)* underground line, *(Am)* subway line; **ligne de bus** bus route
linge sale (dirty) washing
liquide cash; **payer en liquide** to pay cash **108**
liquide vaisselle washing-up liquid
lire to read
lit bed
litre *(Br)* litre, *(Am)* liter
livre book
location (de logement) rental; (de voiture, de vélo, de skis) *(Br)* hire, *(Am)* rent
logement *(Br)* accommodation, *(Am)* accommodations
loin far **29, 30**; **loin de** far from
longtemps a long time **143**
lorsque when
louer (logement) to rent; (voiture, vélo, skis) *(Br)* to hire, *(Am)* to rent **47, 98, 100**
lourd heavy; (temps) close
loyer rent
lui (homme) him; (femme) her
lumière light
lundi Monday
lune moon
lune de miel honeymoon **33**
lunettes glasses
lunettes de soleil sunglasses
luxe : de luxe luxury
Luxembourg Luxembourg
Luxembourgeois person from Luxembourg
luxembourgeois from Luxembourg

M

ma my
machine à laver washing machine
Madame (avant un nom propre) Mrs; **pardon Madame** excuse me
Mademoiselle (avant un nom propre) Miss; **pardon Mademoiselle** excuse me
magasin *(Br)* shop, *(Am)* store; **grand magasin** department store
magazine magazine
mai May
maigre thin
maillot de bain (pour femme) swimsuit; (pour homme) swimming trunks
main hand
maintenant now
mairie *(Br)* town hall, *(Am)* city hall
mais but **27, 66, 85**
maison house **33**; **à la maison** at home
mal *(n)*; **ça fait mal** it hurts; **avoir mal au cœur** to feel sick **134**; **avoir mal à la tête/ à la gorge/ au ventre** to have a headache/ a sore throat/ a sore stomach, **134**; **avoir le mal de mer** to be seasick, **49**; **avoir du mal à faire quelque chose** to have trouble doing something
mal *(adj)* bad; **c'est pas mal** it's not bad
mal *(adv)* badly; **pas mal de** quite a lot of
malade ill
maladie illness
malentendu misunderstanding
manche sleeve
mandat international international money order
manger to eat **63, 65, 109**

manière way; **de toute manière** in any case
manquer (rater) to miss; **il manque 2 valises** there are two suitcases missing; **il me manque 2 …** I'm 2… short
manteau coat
marchand *(Br)* shopkeeper, *(Am)* storekeeper
marchand de journaux *(Br)* newsagent, *(Am)* newsdealer
marchandises goods **43**
marche step; **faire de la marche** to go walking; **marche avant/ arrière** forward/reverse gear
marché market **110**
marcher (à pied) to walk; (fonctionner) to work **56**
mardi Tuesday
marée tide; **marée basse/haute** low/ high tide
mari husband
mariage marriage; (cérémonie) wedding
marié married
marre : en avoir marre (de) to be fed up (with)
marron (couleur) brown; (fruit) chestnut
mars March
match match
matelas mattress
matelas pneumatique airbed
matériel equipment
matin morning
mauvais bad; **il fait mauvais** the weather's bad
maximum maximum
me me
mec guy
méchant bad
médecin doctor **133**
médicament medicine
meilleur better; **le meilleur** the best (de deux) the better; **meilleur que…** better than…
mélanger to mix
membre (d'un club) member
même *(adj)* same **69**
même *(adv)* even; **même si** even if; **moi-même** myself; **lui-même** himself
ménage : faire le ménage to do the housework
mentir to lie
menton chin
menu menu; (formule) set menu
mer sea; **la mer Méditerranée/ du Nord** the Mediterranean/ North Sea
merci thank you, thanks; **merci beaucoup** thank you very much; **non merci** no, thank you
mercredi Wednesday
mère mother
mes my
message message **128, 130**
messe mass
métier occupation
mètre *(Br)* metre, *(Am)* meter
métro *(Br)* underground, *(Am)* subway
mettre to put
micro-ondes microwave
midi midday, noon
mien : le mien/ la mienne mine; **les miens/ miennes** mine
mieux better **135**; **mieux que …** better than…
milieu middle; **au milieu (de)** in the middle (of)
minimum minimum
minuit midnight
minute minute **93, 124, 148**

mobylette moped
moderne modern 90
moi me
moins less 109; **au moins** at least; **moins que** less than; **dix heures moins le quart** a quarter to ten
mois month 144, 145
moitié half; **la moitié de ce fromage** half (of) that cheese
moment moment; **un moment !** just a moment!; **en ce moment** at the moment; **pour le moment** for the moment; **à ce moment-là** then
mon my
monastère monastery
monde world; **tout le monde** everybody; **il y a du monde** there are lots of people 36
monnaie (devise) currency; (pièces) change 107, 108, 128
Monsieur (avant un nom propre) Mr; **pardon Monsieur** excuse me
montagne mountain
montre watch
montrer to show
monument monument
morceau : un morceau de a piece of
mort *(adj)* dead
mosquée mosque
mot word; (note écrite) note 28
moteur engine
moto motorcycle, *(Br)* motorbike
mouche fly
mouchoir handkerchief
mouillé wet
mourir to die
mousse à raser shaving foam
moustique mosquito
moyen *(n)* way
moyen *(adj)* average
mur wall
mûr ripe
muscle muscle
musée museum
musique music 84, 87, 88

N

nager to swim; **est-ce que tu sais nager ?** can you swim?
naître : je suis né le/ en ... I was born on the/ in...
natation swimming
nature nature
nausée : avoir la nausée to feel sick
navette shuttle
ne voir *pas, plus, jamais*
nécessaire necessary
négatif (photographique) negative
neige snow
neiger to snow
nerveux nervous
nettoyer to clean
neuf (nouveau) new
neveu nephew
nez nose
ni ... ni ... neither... nor...
nièce niece
Noël Christmas; **joyeux Noël !** Merry Christmas!
noir black; **noir et blanc** black and white 116
nom name
nombre number
nom de famille surname
nom de jeune fille maiden name
non no; **je ne fume pas – moi non plus** I don't smoke – neither do I

nord north ; **au nord** in the north ; **au nord de** (to the) north of
normal normal
nos our
note (facture) bill ; (dans un hôtel) *(Br)* bill, *(Am)* check
noter (écrire) to write down
notre our
nôtre : le/la nôtre ours ; **les nôtres** ours
nourriture food
nous (sujet) we ; (complément) us
nouveau new ; **à nouveau** again
Nouvel An New Year
nouvelle (livre) short story ; **bonne/ mauvaise nouvelle** good/bad news ; **les nouvelles** the news
novembre November
noyer (se) to drown **140**
nu naked
nuage cloud
nuit night ; **bonne nuit** goodnight
nul useless **98** ; **nulle part** nowhere
numéro number **45, 129, 131**
numéro de téléphone phone number
numéro d'immatriculation *(Br)* registration number, *(Am)* license number

O

objectif (photographique) lens
occasion (opportunité) opportunity ; **d'occasion** second-hand
occupé (WC) engaged ; (personne) busy ; (ligne téléphonique) *(Br)* engaged, *(Am)* busy **130**
occuper : s'occuper de to look after
océan ocean ; **l'océan Atlantique** the Atlantic Ocean
octobre October
odeur smell
œil eye
office du tourisme tourist office
offrir to offer ; (cadeau) to give
oiseau bird
ok OK
ombre shade ; **à l'ombre** in the shade
on one ; (nous) we
oncle uncle
ongle nail
opérer : se faire opérer to have an operation
opticien optician
orage storm
orange orange
orchestre orchestra
ordinateur computer
ordinateur portable laptop
ordures *(Br)* rubbish, *(Am)* garbage
oreille ear
oreiller pillow
organiser to organize
origine origin ; **être d'origine ...** to be of... origin
ou or
où where ; **où est ... ?** where is...? ; **où sont ... ?** where are...? ; **où vas-tu ?** where are you going? ; **d'où viens-tu ?** where are you from?
oublier to forget **28**
ouest west ; **à l'ouest** in the west ; **à l'ouest de** (to the) west of
oui yes
ouvert open **92, 107**
ouvre-boîtes can opener
ouvre-bouteilles bottle opener
ouvrir to open **141**

P

page page
palais palace
pâle pale
panne breakdown; **tomber en panne** to break down **46**; **être en panne d'essence** *(Br)* to have run out of petrol, *(Am)* to have run out of gas, **47**
panneau sign **30**; (de signalisation) road sign
pansement dressing; (adhésif) *(Br)* Elastoplast, *(Am)* Band-Aid
pantalon *(Br)* trousers, *(Am)* pants
papier paper
papier à cigarette cigarette paper
papier alu tinfoil
papier cadeau gift wrap
papiers d'identité identity papers
papier toilette toilet paper
Pâques Easter; **joyeuses Pâques !** Happy Easter!
paquet packet; (de cigarettes) *(Br)* packet, *(Am)* pack
paraître : il paraît que ... it seems that...
par by **134**; **une fois par jour/ heure** once a day/ an hour
parapluie umbrella
parasol beach umbrella
parc park
parc d'attractions theme park
parce que because
pardon (je suis désolé) sorry; (pour attirer l'attention) excuse me
pare-brise *(Br)* windscreen, *(Am)* windshield
pare-chocs bumper
pareil same
parents parents
parfum (cosmétique) perfume; (arôme) *(Br)* flavour, *(Am)* flavor
parking *(Br)* car park, *(Am)* parking lot
parler to speak **27, 139**
parmi among
partager to share **67**
partie part; **faire partie de** to be a part of
partir to leave **44**; **à partir de ...** from...
partout everywhere
pas : ne ... pas not **56**; **pas du tout** not at all *(voir grammaire)*
passage : être de passage to be passing through **33**
passager passenger
passé past
passeport passport **54**
passer (du temps) to spend **145**; **je suis passé vers 6h** I came by around 6 o'clock; **passer chercher quelqu'un** to go and pick someone up **86**; **passer un coup de téléphone** to make a phone call
pâtisserie (gâteau) cake; (magasin) cake shop
patron boss
pauvre poor
payant : l'entrée est payante there's a charge for admission
payer to pay **70**
pays country
paysage (site) landscape; (vue) scenery
Pays-Bas Netherlands
PCV *(Br)* reverse-charge call, *(Am)* collect call **128**
péage toll
peau skin
pêcher to fish
peigne comb
peine : à peine hardly **27**; **ça vaut la peine** it's worth it
peler to peel

pellicule (photographique) film 116
pendant during; **pendant une heure** for an hour; **pendant que** while
penser to think 112; **penser à** to think about
pension complète full board
perdre to lose 139; **se perdre** to get lost 29; **être perdu** to be lost, 29; **perdre du temps** to waste time
père father
périmé out of date
permettre to allow
permis de conduire *(Br)* driving licence, *(Am)* driver's license 49
personne *(n)* person, people 55, 98
personne *(pronom)* nobody
petit small, little; **petit à petit** little by little
petit-déjeuner breakfast
peu (avec un verbe) not much; (avec un adjectif) not very; (un petit nombre) few; **peu de** (nombre) few, not many (quantité) little, not much; **un peu** a little 109; **un peu de vin** a little wine; **à peu près** (presque) almost (environ) around, 28
peur fear; **avoir peur (de)** to be scared (of)
peut-être maybe, perhaps
phare (de véhicule) headlight
pharmacie *(Br)* chemist, *(Am)* drugstore
pharmacie de garde *(Br)* duty chemist, *(Am)* duty drugstore
photo photo; **prendre quelqu'un en photo** to take someone's photo 116; **prendre une/des photo(s)** to take a photo/photos, 116
photocopie photocopy; **faire une photocopie** to make a photocopy
pièce (monnaie) coin; (lieu) room
pièce de rechange spare part
pièce de théâtre play
pied foot; **aller à pied** to walk, to go on foot 30
pierre stone
piéton pedestrian; **rue piétonne** pedestrianized street
pile battery 116; **3h pile** three o'clock on the dot
pilule pill; **prendre la pilule** to be on the pill 135
pilule du lendemain morning-after pill
pipe pipe
pipi pee; **faire pipi** to pee
pique-nique picnic
pique-niquer to have a picnic
piquer to sting; **se faire piquer (par)** to get stung (by) 134
piqûre (injection) injection; (d'insecte) sting
pire worse; **c'est pire (que)** it's worse (than)
piscine swimming pool
piste cyclable cycle path 101
place (siège) seat 40; (lieu public) square; **il n'y a plus de place** there's no more room; **sur place** on the spot
place de parking parking space
plage beach
plaie wound
plaindre (se) to complain
plaire to please; **s'il te/vous plaît** please; **ça me plaît** I like it
plan (carte) map 29
planche à voile (sport) windsurfing
planche de surf surfboard
plante plant
plaque électrique hotplate
plat *(n)* dish
plat *(adj)* flat
plat de résistance main course

plat du jour today's special, dish of the day 66
plâtre : avoir un plâtre to be wearing a plaster (cast)
plein full; **plein de** full of; **faire le plein** [(d'essence) *(Br)* to fill up with petrol, *(Am)* to fill up with gas 46
pleuvoir : il pleut it's raining
plombage filling 136
plombier plumber
plongée (sous-marine) (scuba) diving; **faire de la plongée** to go diving 101
pluie rain
plupart : la plupart most; **la plupart des gens** most people
plus more 67, 109; **il n'y a plus de …** (nombre) there are no more… (quantité) there's no more…; **il ne me reste plus que 2 jours** I have only 2 days left; **ce que j'ai le plus aimé** what I liked most
plusieurs several
plutôt rather
pneu *(Br)* tyre, *(Am)* tire
poêle frying pan
poignet wrist
poil hair
point point; **être sur le point de faire** to be about to do; **à point** (viande) medium
pointure size
poisson fish
poissonnerie fish shop, *(Br)* fishmonger's
poitrine chest
police police
policier policeman, police officer
pommade ointment
pompe à vélo bicycle pump
pompiers *(Br)* fire brigade, *(Am)* fire department
pont bridge
port port
portable (téléphone) *(Br)* mobile, *(Am)* cellphone 128; (ordinateur) laptop
porte door; (d'aéroport) gate 43
portefeuille *(Br)* wallet, *(Am)* billfold
porte-monnaie *(Br)* purse, *(Am)* change purse
porter to carry; (vêtement) to wear
portrait portrait
Portugais Portuguese person
portugais Portuguese
Portugal Portugal
possible possible 53; **le plus tôt possible** as soon as possible
poste (service) mail, *(Br)* post; (lieu) post office 121
poste restante *(Br)* poste restante, *(Am)* general delivery
potable : eau potable drinking water; **eau non potable** non-drinking water
pot d'échappement *(Br)* exhaust (pipe), *(Am)* tail pipe
poubelle *(Br)* (dust)bin, *(Am)* garbage can 60; **mettre à la poubelle** to throw out
poudre powder 137
poumon lung
pour for 33, 47, 53; **pour que** so that; **pour cent** percent
pourboire tip
pourquoi why
pousser to push
poussette *(Br)* pushchair, *(Am)* stroller
pouvoir to be able to; **je ne peux pas** I can't; **on peut y aller demain** we can go tomorrow

pratique practical
précédent previous
préféré *(Br)* favourite, *(Am)* favorite
préférer to prefer
premier first
prendre (avion, médicament) to take 136; **ça prend 2 heures** it takes 2 hours
prénom first name
préparer to prepare
près near; **(tout) près de** (right) beside
présenter to introduce; **je te présente…** this is…
préservatif condom
presque almost 147
pressé : être pressé to be in a hurry 143
pressing dry cleaner's
pression (bière) (draught) beer; (d'un pneu) pressure
prêt ready; **être prêt à** to be ready to
prêter to lend 60
prévenir to warn
prévisions météo weather forecast
prévoir (activité) to plan 85; (temps) to forecast 38
prier : je t'/vous en prie (il n'y a pas de quoi) you're welcome
principal main
printemps spring
prise (femelle) *(Br)* socket, *(Am)* outlet 56; (mâle) plug
privé private
prix price 117
probablement probably
problème problem
prochain next 44; **à une prochaine !** see you (soon)!
proche near; **le plus proche** the nearest 139
produit product 110, 112
profession profession
profiter de to make the most of
profond deep
programme (de télé, des spectacles) *(Br)* programme, *(Am)* program
promener (se) to walk; **aller se promener** to go for a walk
promettre to promise
proposer to propose, to suggest
propre clean; (particulier) own
propriétaire owner
protéger to protect; **se protéger** to protect oneself
prudent careful
public *(n)* public
public *(adj)* public
puisque since
pull sweater, *(Br)* jumper
pyjama (pair of) pyjamas

Q

quai (de gare, de métro) platform; (de port) quay 44
qualité quality; **de bonne qualité** good-quality
quand when 25; **quand même** all the same
quart quarter 147; **un quart d'heure** a quarter of an hour 148
quartier area
que that; **ne … que** only; **que veux-tu ?** what do you want?; **qu'est-ce que … ?** what…?; **plus petit que** smaller than; **je pense que …** I think (that)…
quel what, which 44
quelque chose something 112
quelquefois sometimes

quelque part somewhere
quelques some
quelques-uns some
quelqu'un someone, somebody 139
question question
queue (file) *(Br)* queue, *(Am)* line 96; **faire la queue** *(Br)* to queue (up), *(Am)* to stand in line
qui who
quitter to leave; **ne quittez pas** hold on
quoi what; **il n'y a pas de quoi** you're welcome
quoique although

R

rabais : faire un rabais à quelqu'un to give someone a discount
raccourci short cut
raconter to tell
radiateur radiator
radio (transistor) radio; (rayons X) X-ray
rage de dents severe toothache
randonnée hiking 99; (en montagne) hill-walking; **faire de la randonnée** to go hiking (en montagne) to go hill-walking
ranger to tidy
rapide quick
rappeler (au téléphone) to call back 130; **se rappeler** to remember; **ça me rappelle ...** it reminds me of...
raquette racket
rare rare
rarement rarely
raser (se) to shave
rasoir razor
rasoir électrique electric shaver 56
rater (train, avion) to miss 42, 44
ravi delighted; **ravi de faire votre connaissance** pleased to meet you
rayon (d'un magasin) department 110
rayons X X-rays
réception (d'un hôtel) reception; (sur portable) signal 131; **à la réception** at reception 58
réceptionniste receptionist
recette recipe
recevoir to receive, to get; **je te reçois très mal** (sur portable) the signal's very bad
rechange : ... de rechange spare... 59
recharger (portable) to recharge 131
recommandé : en recommandé registered
recommander to recommend 55, 66, 96
reconnaître to recognize
reçu receipt 108
réduction reduction
réfléchir to think 111
réfrigérateur refrigerator, *(Br)* fridge
refuge de montagne mountain hut
refuser to refuse
regarder to look at, to watch 110
régime diet; **être au régime** to be on a diet
région area; **dans la région** in the area
règles periods; **avoir ses règles** to be having one's period
rein kidney
rejoindre to meet 85, 86
remarquer to notice
rembourser to refund; **se faire rembourser** to get a refund
remercier to thank
remontée mécanique ski lift
remplir to fill; (formulaire) to fill in, to fill out 141
rencontrer to meet; **se rencontrer** to meet (each other)

rendez-vous appointment; (amoureux) date; **prendre un rendez-vous** to make an appointment 133; **se donner rendez-vous** to arrange to meet; **avoir rendez-vous (avec)** to meet (professionnel, médical) to have an appointment (with, 134
rendre to give back
renseignement information 90; **les renseignements** *(Br)* directory enquiries, *(Am)* information
rentrer (à la maison) to go home
renverser to knock over; **se faire renverser** to get knocked over
réparer to repair 47; **faire réparer** to get repaired
repas meal
repasser (vêtement) to iron
repère : point de repère landmark
répéter to repeat 26
répondeur answering machine
répondre to answer; **ça ne répond pas** there's no answer
réponse answer
reposer (se) to rest
réservé reserved
réserver to reserve, to book 53, 55, 65, 87
ressembler à to look like; **se ressembler** to look like each other
restaurant restaurant
reste rest; **le reste** the rest
rester to stay 145, 146; **est-ce qu'il reste des places ?** are there any tickets left?
retard delay; **en retard** late 42, 143
retardé delayed
retirer (de l'argent) to withdraw
retour return; **être de retour** to be back 129
retrait des bagages baggage reclaim
retrouver (se) (se rencontrer) to meet 85
réveil alarm clock 148
réveiller to wake up; **se réveiller** to wake up
revenir to come back
rêver to dream
revoir : au revoir goodbye
revoir (se) to see each other again 89
revue magazine
rez-de-chaussée *(Br)* ground floor, *(Am)* first floor
rhumatismes rheumatism
rhume cold 145
rhume des foins hay fever
riche rich
rien nothing; **ne … rien** nothing, not… anything 56
rigoler (rire) to laugh; (s'amuser) to have a laugh; (plaisanter) to joke
rire to laugh
risque risk
risquer : il risque de pleuvoir it might rain
rivière river
robe dress
robinet *(Br)* tap, *(Am)* faucet
robinet d'arrêt stopcock
rocher rock
rollers rollerblades
roman *(n)* novel
rond-point *(Br)* roundabout, *(Am)* traffic circle
rose (couleur) pink
roue wheel
roue de secours spare wheel, *(Br)* spare tyre, *(Am)* spare tire
rouge red
route road
rouvrir to reopen

Royaume-Uni United Kingdom
rue street
ruines ruins ; **en ruines** in ruins

S

sa (possesseur masculin) his ; (possesseur féminin) her
sable sand
sac bag
sac à dos backpack, *(Br)* rucksack
sac à main *(Br)* handbag, *(Am)* purse
sac de couchage sleeping bag
sac plastique plastic bag 107
sac poubelle *(Br)* bin bag, *(Am)* garbage bag
saignant (viande) rare
saigner to bleed
saison season
sale dirty
salé (additionné de sel) salted ; (au goût) salty ; (non sucré) savoury
salir to (get) dirty ; **se salir** to get dirty
salle room
salle de bains bathroom 53
salle de cinéma auditorium
salle de concert concert hall
salon living room
salut ! (bonjour) hi! ; (au revoir) bye!
samedi Saturday
sandales sandals
sang blood
sans without 69
santé health ; **être en bonne santé** to be in good health; **santé !** cheers!
sardine (de tente) tent peg
sauf except
sauvage wild
sauvegarder to save
savoir to know 106 ; **sais-tu nager ?** can you swim?
savon soap
scooter scooter
scotch (boisson) scotch
scotch (adhésif) *(Br)* Sellotape, *(Am)* Scotch tape
sec dry 69
sèche-cheveux hairdrier
sécher to dry ; **faire sécher** (linge) to dry
seconde second
secours help ; **au secours !** help! ; **appeler au secours** to call for help
sécurité security, safety ; **en sécurité** secure, safe
sein breast
séjour stay
sel salt
semaine week 47 ; **en semaine** during the week ; **toute la semaine** all week
sens (direction) direction ; (signification) sense ; **avoir le sens de l'orientation** to have a good sense of direction ; **avoir le sens de l'humour** to have a good sense of *(Br)* humour/ *(Am)* humor ; **avoir le sens de l'hospitalité** to be very hospitable
sensible sensitive
sentier path 99
sentir (percevoir) to feel ; (dégager une odeur) to smell ; **sentir bon/ mauvais** to smell good/bad ; **se sentir** to feel 134 ; **se sentir bien/ mal** to feel good/ bad
séparer to separate ; **se séparer** to split up
septembre September

sérieux serious
serré tight
serrure lock
serveur (dans un bar) *(Br)* barman, *(Am)* bartender ; (dans un restaurant) waiter
serveuse (dans un bar) *(Br)* barmaid, *(Am)* bartender ; (dans un restaurant) waitress
service (pourboire) tip ; **rendre un service à quelqu'un** to do someone a *(Br)* favour, *(Am)* favor
serviette (de toilette) towel **57** ; (de table) napkin
serviette en papier paper napkin
serviette hygiénique sanitary towel
servir à to be used for ; **se servir de** to use
ses (possesseur masculin) his ; (possesseur féminin) her
seul (unique) only ; (isolé) alone ; **un seul** just one ; **voyager seul** to travel alone
seulement only
sexe sex
shampooing shampoo
shopping shopping ; **aller faire du shopping** to go shopping
short (pair of) shorts
si (tellement) so ; (oui) yes ; (exprime la condition) if
siècle century ; **au XIXe siècle** in the 19th century
sien : le sien (possesseur masculin) his (possesseur féminin) hers ; **la sienne** (possesseur masculin) his (possesseur féminin) hers **les siens/ siennes** (possesseur masculin) his (possesseur féminin) hers
sieste nap ; **faire la sieste** to have a nap **144**
signer to sign **109**
signifier to mean **28**
simple simple
sinon otherwise
sirop (médicament) syrup
site Internet website
ski (matériel) ski ; (activité) skiing ; **faire du ski** to go skiing **100**
ski nautique waterskiing
slip (d'homme) *(Br)* pants, *(Am)* shorts ; (de femme) *(Br)* pants, *(Am)* panties
slip de bain swimming trunks
société (entreprise) company ; (communauté) society
sœur sister
soif : avoir soif to be thirsty
soir evening ; **ce soir** this evening, tonight ; **le soir** in the evenings
soirée (soir) evening ; (fête) party **88** ; **dans la soirée** in the evening
sol (dehors) ground ; (à l'intérieur) floor
soldes sales ; **en solde** *(Br)* in the sale, *(Am)* on sale
soleil sun ; **au soleil** in the sun
sommeil sleep ; **avoir sommeil** to be sleepy
sommet summit
somnifère sleeping pill
son (possesseur masculin) his ; (possesseur féminin) her
sortie exit, way out ; (d'autoroute) exit
sortie de secours emergency exit
sortir to go out **129** ; (film) to come out ; **sortir avec quelqu'un** to go out with someone ; **sortir les poubelles** *(Br)* to take the rubbish out, *(Am)* to take the garbage out **59**
souci worry ; **se faire du souci (pour)** to worry (about)
souffrir to suffer
souhait wish ; **à tes/ vos souhaits!** bless you!

soûl drunk
sourd deaf
sourire *(n)* smile
sourire *(v)* to smile
souris mouse
sous under
sous-titré subtitled
sous-vêtements underwear
soutien-gorge bra
souvenir *(n)* memory ; (objet) souvenir ; **en souvenir de** in memory of
souvenir *(v)* ; **se souvenir (de)** to remember
souvent often ; **pas souvent** seldom
sparadrap *(Br)* sticking plaster, *(Am)* adhesive tape
spécial special
spécialité *(Br)* speciality, *(Am)* specialty
spectacle show **87**
sport sport
sportif (personne) sporty **98**
stade stadium
stage : stage de voile/ d'anglais sailing/ English classes
standardiste (switchboard) operator
station balnéaire seaside resort
station de métro *(Br)* underground station, *(Am)* subway station
station de ski ski resort
station-service *(Br)* petrol station, *(Am)* gas station **46**
stérilet coil
stop hitchhiking ; **faire du stop** to hitchhike **48**
stylo pen
sucre sugar
sucré sweet
sud south ; **au sud** in the south ; **au sud de** (to the) south of
suffire to be enough ; **ça suffit** that's enough ; **il suffit d'appuyer sur ce bouton** you just have to press this button
suivant next
suivre to follow **30, 139** ; **faire suivre** to forward **122**
super *(n)* (essence) *(Br)* four-star petrol, *(Am)* premium gas
super *(adj)* great
supermarché supermarket **106**
supplément supplement
supplémentaire extra **56**
supporter (tolérer) to put up with
sur on
sûr sure ; **bien sûr** of course
surf surfing ; **faire du surf** to go surfing
surprise surprise
surveiller to look after **140**
sympa nice **36**
syncope blackout **136**

T

ta your
tabac (à fumer) tobacco ; (magasin) *(Br)* tobacconist's, *(Am)* tobacco store
table table
tableau (d'art) painting
tache stain
taie d'oreiller pillowcase
taille (grandeur) size **111** ; (partie du corps) waist
tampon (hygiénique) tampon
tante aunt
tant pis too bad
taper (à l'ordinateur) to type
tapis rug
tapis de sol ground sheet
tard late **86** ; **à plus tard !** see you later!
tarif price, (de transport)] ; fare ; **plein tarif** full price **92** (de transport) full fare ; **tarif réduit** concession, **92** (de transport) discount fare

tarte *(Br)* tart, *(Am)* pie
tasse cup
taux de change exchange rate
taxe tax; **hors taxes** tax-free
taxe d'aéroport airport tax
taxi taxi **47**
te you
tee-shirt T-shirt
téléphone telephone **84**
téléphone portable *(Br)* mobile phone, *(Am)* cellphone **131**
téléphoner (à) to (tele)phone
télésiège chairlift
télévision television
température temperature; **prendre sa température** to take one's temperature
tempête storm
temple temple; (protestant) church
temporaire temporary **93**
temps (météo) weather **38**; (durée) time; **de temps en temps** from time to time; **tout le temps** all the time; **ces derniers temps** lately; **avoir le temps de** to have (the) time to **143**
tenir to hold
tennis (sport) tennis; (chaussure) tennis shoe
tension blood pressure
tente tent **60**
terminal terminal
terrain de camping campsite
terrain de golf golf course
terrain de sports sports ground
terrain de tennis tennis court **101**
terrasse (balcon) terrace; (d'un café, d'un restaurant) *(Br)* pavement area; *(Am)* sidewalk area; **en terrasse** outside
terre (matière) earth; **par terre** (dehors) on the ground (à l'intérieur) on the floor; **la Terre** Earth
tes your
tête head
théâtre *(Br)* theatre, *(Am)* theater
thermomètre thermometer
thermos *(Br)* Thermos flask, *(Am)* Thermos bottle
ticket ticket **87**
ticket de caisse receipt
tiède lukewarm
tien : le tien/ la tienne yours; **les tiens/ tiennes** yours
timbre stamp **122**
timide shy
tire-bouchon corkscrew
tire-fesses T-bar
tirer to pull
tissu material
toi you
toilettes *(Br)* toilet, *(Am)* rest room **26**; **toilettes pour hommes** *(Br)* gents', *(Am)* men's room; **toilettes pour femmes** *(Br)* ladies', *(Am)* ladies' room; **affaires de toilette** toiletries
tomber to fall; **tomber malade** to fall ill
ton your
tongs *(Br)* flip-flops, *(Am)* thongs
torchon dish towel
tôt early **143**
toucher to touch
toujours always; (encore) still
touriste tourist
touristique tourist **96**
tournée : c'est ma tournée it's my round
tourner to turn
tous all; **tous les deux** both; **tous les jours** every day
tousser to cough
tout all, everything; **tout le temps** all the time; **tout le monde**

everybody ; **toute la journée** all day ; **tout de suite** right away ; **tout droit** straight ahead
toutes voir *tous*
toux cough 137 ; **avoir de la toux** to have a cough
traditionnel traditional
traduire to translate
train train 43, 44
traiteur deli
tramway *(Br)* tram, *(Am)* streetcar
tranche slice 109
tranquille quiet
transpirer to sweat
travail work, job
travailler to work 32 ; **travailler dans** to work in 32
travaux works
traveller's cheque *(Br)* travellers cheque, *(Am)* travelers check
travers : à travers across
traverser (rue) to cross
très very 64
tromper (se) to make a mistake
trop (suivi d'un adjectif ou adverbe) too 64 ; (quantité) too much 64 ; (nombre) too many; **trop de** (quantité) too much (nombre) too many
trou hole
trousse de toilette toilet bag
trouver to find; **trouver quelque chose difficile** to find something difficult 28
truc thing
tu you
tuer to kill
tupperware Tupperware
TVA *(Br)* VAT, *(Am)* sales tax
type (sorte) type 87 ; (homme) guy

U

un(e) (article) a ; (devant voyelle ou h muet) an ; (nombre) one
Union européenne European Union
université university
urgence emergency ; **en cas d'urgence** in an emergency ; **appeler les urgences** to call the emergency services
urgent urgent 139
utile useful
utiliser to use

V

vacances *(Br)* holiday(s), *(Am)* vacation ; **en vacances** *(Br)* on holiday, *(Am)* on vacation 33
vacciner : être vacciné contre to be vaccinated against 136
vague wave
vaisselle : faire la vaisselle to do the dishes
valable (pour) valid (for)
validité : en cours de validité valid
valise suitcase ; **faire ses valises** to pack one's bags
vallée valley
valoir to be worth ; **ça vaut ...** (somme) it's worth... ; **il vaut mieux ...** it's better to... 37
végétarien vegetarian
vélo bike
vendeur *(Br)* shop assistant, *(Am)* (sales) clerk
vendeuse *(Br)* shop assistant, *(Am)* (sales)clerk
vendre to sell ; **à vendre** for sale
vendredi Friday
venir to come 32, 33 ; **je viens de Paris** I come from Paris ; **je viens d'arriver** I've just arrived
vent wind

ventilateur fan
ventre stomach
vérifier to check
verre glass; **verre d'eau/ de vin** glass of water/ of wine; **prendre un verre** to have a drink
verrou lock
vers (en direction de) towards; (environ) around
version : en version originale in the original language
vert green
veste jacket
vestiaire cloakroom
vêtement piece of clothing; **des vêtements** clothes
vide empty
vie life
vieux old
villa villa
village village
ville town; (grande ville) city; **vieille ville** old town
vin wine 69; **vin blanc/ rouge/ rosé** white/ red/ rosé wine
viol rape
violet purple
virement (bancaire) transfer
visa visa
visite visit; **rendre visite à** to visit
visite guidée guided tour 93
visiter to visit 33, 34, 91
vite fast, quickly 29
vitesse speed
vitraux stained-glass windows
vitre window
vitrine : en vitrine in the window 111
vivant living, alive
vivre to live
vœux : meilleurs vœux best wishes
voici (avec singulier) here is; (avec pluriel) here are
voilà (avec singulier) there is; (avec pluriel) there are
voile (de bateau) sail; (activité) sailing 101; **faire de la voile** to go sailing
voir to see 87
voisin *(Br)* neighbour, *(Am)* neighbor
voiture car 47; (d'un train) *(Br)* coach, *(Am)* car; **en voiture** by car
voix voice; **à voix haute** aloud; **à voix basse** in a low voice
vol (criminel) theft; (d'avion) flight 42
voler (dérober) to steal 139; (dans l'air) to fly
voleur thief
volley(-ball) volleyball
vomir to vomit; **avoir envie de vomir** to feel sick
vos your
votre your
vôtre : le/la vôtre yours; **les vôtres** yours
vouloir to want; **vouloir dire** to mean 28; **je voudrais ...** I'd like...
vous you
voyage journey, trip 40; **bon voyage !** have a good trip!
voyage de noces honeymoon 33
voyage organisé package holiday
voyager to travel
voyelle vowel
vrai (indéniable) true; (réel) real
vraiment really
VTC hybrid
VTT mountain bike
vue view; **vue sur mer** sea view

WYZ

Walkman personal stereo, Walkman
WC toilet
week-end weekend
y there 30
yeux eyes
zéro zero
zoo zoo
zoom zoom (lens)

Dictionnaire anglais - français

A

a un, une
abbey abbaye
able : to be able to pouvoir
about environ ; **to be about to do** être sur le point de faire
above au-dessus (de), dessus
abroad à l'étranger
accept accepter
access accès
accident accident
accommodation *(Br)* logement
accommodations *(Am)* logement
acknowledgement of receipt accusé de réception
across à travers
adaptor adaptateur
address adresse
addressee destinataire
adhesive tape *(Am)* sparadrap
admission entrée
advance : in advance à l'avance
advice conseils ; **to ask someone's advice** demander conseil à quelqu'un
advise conseiller
aeroplane *(Br)* avion
affordable abordable
after après *(Am)* ; **a quarter after ten** dix heures et quart
afternoon après-midi
after-sun (lotion) lait après-soleil
again encore, à nouveau
against contre
age âge
air air
airbed matelas pneumatique
air conditioning climatisation
airline compagnie aérienne
airmail par avion
airplane *(Am)* avion
airport aéroport
airport tax taxe d'aéroport
alarm clock réveil
alcohol alcool
alive vivant
all tout ; **all day** toute la journée ; **all week** toute la semaine ; **all the best!** bonne continuation ! ; **all the better** tant mieux ; **all the same** quand même ; **all the time** tout le temps ; **all inclusive** tout compris
allergic allergique
almost à peu près, presque
already déjà
also aussi
although quoique, bien que
always toujours
ambulance ambulance
American *(n)* Américain(e)
American *(adj)* américain
among parmi
anaesthetic *(Br)* anesthésie
and et
anesthetic *(Am)* anesthésie
animal animal
ankle cheville
anniversary anniversaire
another un(e) autre
answer *(n)* réponse
answer *(v)* répondre

answering machine répondeur
ant fourmi
antibiotic antibiotique
anybody, anyone n'importe qui
anything n'importe quoi
anyway d'ailleurs, de toute façon
apartment *(Am)* appartement
apartment block *(Am)* immeuble
appendicitis appendicite
appointment rendez-vous ; **to make an appointment** prendre un rendez-vous ; **to have an appointment (with)** avoir rendez-vous (avec)
April avril
area quartier, région ; **in the area** dans la région
arm bras
around à peu près, vers
arrange arranger ; **to arrange to meet** se donner rendez-vous
arrival arrivée
arrive arriver
art art
artist artiste
as comme ; **as soon as possible** le plus tôt possible ; **as soon as** dès que ; **as well as** aussi bien que
ashamed: to be ashamed avoir honte
ashtray cendrier
ask demander ; **to ask a question** poser une question
aspirin aspirine
asthma asthme
at à
ATM *(Am)* distributeur (automatique de billets)
attack agresser
auditorium salle de cinéma
August août
autumn *(Br)* automne
available libre, disponible
avenue avenue
away: 2 km away à 2 km

B

baby bébé
baby's bottle biberon
babysitter baby-sitter
back dos ; **at the back of** au fond de ; **to be back** être de retour
backpack sac à dos
bad mauvais, mal ; **it's not bad** c'est pas mal
bag sac
baggage bagages
baggage reclaim retrait des bagages
bake cuire
baker's boulangerie
balcony balcon
bandage bandage
Band-Aid *(Am)* pansement
bank banque
bank account compte bancaire
banknote *(Br)* billet
bar bar
barbecue barbecue
bath bain ; **to have a bath** prendre un bain
bathroom salle de bains
bath towel serviette de bain
battery batterie, pile
be être
beach plage
beach umbrella parasol
beard barbe
beautiful beau
because parce que ; **because of** à cause de

bed lit ; **to go to bed** se coucher
bee abeille
before avant ; **before doing** avant de faire
begin commencer
beginner débutant(e)
beginning début ; **at the beginning** au début ; **at the beginning of** en début de
behind derrière
Belgian *(n)* Belge
Belgian *(adj)* belge
Belgium Belgique
believe croire
below en dessous (de)
beside à côté de
best meilleur ; **the best** le (la) meilleur(e) ; **best wishes** meilleurs vœux
better *(adj)* mieux ; **better than…** mieux que … ; **to get better** améliorer, guérir ; **it's better to…** il vaut mieux …
better *(adv)* meilleur ; **better than…** meilleur que …
between entre
bicycle bicyclette
bicycle pump pompe à vélo
big grand, gros
bike vélo
bill facture, *(Br)* addition, note, *(Am)* billet *(de banque)*
billfold *(Am)* portefeuille
bin *(Br)* poubelle
binoculars jumelles
birthday anniversaire
bit bout, morceau
bite *(n)* morsure
bite *(v)* mordre
black noir ; **black and white** noir et blanc
blackout syncope
blanket couverture
bleed saigner
bless: bless you! à tes/vos souhaits !
blind aveugle
blister ampoule
blond blond
blood sang
blood pressure tension
blue bleu
board embarquer
boarding embarquement
boat bateau
body corps
book *(n)* livre ; **book of tickets** carnet de tickets
book *(v)* réserver
bookshop *(Br)* librairie
bookstore *(Am)* librairie
boot botte, *(Br)* coffre
borrow emprunter
boss chef, patron
both tous les deux
bottle bouteille, biberon
bottle opener décapsuleur, ouvre-bouteilles
bottom fond, fesses ; **at the bottom** en bas ; **at the bottom of** au fond de
bowl bol
boxer shorts caleçon
bra soutien-gorge
brake *(n)* frein
brake *(v)* freiner
bread pain
break casser ; **to break one's leg** se casser la jambe
break down tomber en panne

breakdown panne
breakdown service service de dépannage
breakfast petit déjeuner ; **to have breakfast** prendre le petit déjeuner
bridge pont
bring apporter, amener
brochure brochure
broken cassé
bronchitis bronchite
brother frère
brown marron
brush brosse
build construire
building bâtiment
bump bosse
bumper pare-chocs
buoy bouée
burn *(n)* brûlure
burn *(v)* brûler ; **to burn oneself** se brûler
burst *(v)* crever
burst *(adj)* crevé
bus (auto)bus, car
business affaires
business card carte de visite
business class classe affaires
bus route ligne de bus
bus station gare routière
bus stop arrêt de bus
busy animé, occupé
but mais
butcher's boucherie
buy acheter
by par ; **by car** en voiture ; **by the way...** au fait, ...
bye! salut !

C

café café
call *(n)* appel
call *(v)* appeler ; **to be called** s'appeler
call back rappeler
camera appareil photo, caméra
camper camping-car
camping camping ; **to go camping** faire du camping
camping stove camping-gaz
campsite (terrain de) camping
can *(n)* boîte (de conserve)
can *(v)* pouvoir ; **can you swim?** est-ce que tu sais nager ? ; **I can't** je ne peux pas
can opener ouvre-boîtes
cancel annuler
candle bougie
car voiture ; **by car** en voiture
caravan caravane
card carte
cardiac arrest crise cardiaque
car park *(Br)* parking
carry porter
cart *(Am)* Caddie
case : in case of... en cas de ...
cash liquide ; **to pay cash** payer en liquide
cashpoint *(Br)* distributeur (automatique de billets)
castle château
catch attraper
cathedral cathédrale
cavity ; to have a cavity avoir une carie
CD CD
cellphone *(Am)* téléphone portable
cemetery cimetière
center *(Am)* centre
centimeter *(Am)* centimètre

centimetre *(Br)* centimètre
centre *(Br)* centre
century siècle
chair chaise
chairlift télésiège
chairman président
chairperson président(e)
chairwoman présidente
chance hasard ; **by chance** par hasard
change *(n)* changement, monnaie
change *(v)* changer
change purse *(Am)* porte-monnaie
changing room cabine d'essayage
channel chaîne
chapel chapelle
charge recharger
cheap bon marché
check *(n)* *(Am)* addition, note, chèque
check *(v)* vérifier
check in enregistrer
check-in enregistrement
checkout caisse
checkroom *(Am)* consigne
cheers! santé !
chemist's *(Br)* pharmacie
cheque *(Br)* chèque
chest poitrine
child enfant ; **children** des enfants
chilly frais
chimney cheminée
chin menton
chinese chinois
Christmas Noël
church église, temple
cigar cigare
cigarette cigarette
cigarette paper papier à cigarette
cinema *(Br)* cinéma
circus cirque
city ville
city hall *(Am)* hôtel de ville, mairie
class cours, classe
classic classique
classical classique
clean *(adj)* propre
clean *(v)* nettoyer ; **to clean one's teeth** se laver les dents
clementine clémentine
clerk *(Am)* vendeur(euse)
cliff falaise
climate climat
climbing escalade
cloakroom vestiaire
close *(adv)* près
close *(v)* fermer
closed fermé
closing fermeture
closing time heure de fermeture
clothes vêtements
clutch embrayage
coach *(Br)* voiture
coast côte
coathanger cintre
cockroach cafard
code code
coffee café
coil stérilet
coin pièce
Coke Coca
cold *(n)* rhume ; **to have a cold** être enrhumé
cold *(adj)* frais, froid ; **it's cold** il fait froid **I'm cold** j'ai froid
collect call *(Am)* PCV
collection levée
color *(Am)* couleur
colour *(Br)* couleur
comb peigne
come venir
come back revenir
come in entrer
come out sortir

comfortable à l'aise, confortable
comic strip bande dessinée
company société
compartment compartiment
complain se plaindre
comprehensive insurance assurance tous risques
computer ordinateur
concert concert
concert hall salle de concert
concession tarif réduit
condom préservatif
conference conférence
confirm confirmer
congratulations! félicitations !
connection correspondance
constipated constipé
consulate consulat
contact *(n)* contact
contact *(v)* contacter
contact lenses lentilles
contagious contagieux
contemporary contemporain
contraceptive contraceptif
cook cuire
cooked cuit
cooking cuisine ; **to do the cooking** faire la cuisine
cool branché
corkscrew tire-bouchon
corn maïs
correct correct
cost *(n)* coût
cost *(v)* coûter
cotton coton
cotton bud *(Br)* coton-tige
cotton wool coton
couchette couchette
cough *(n)* toux ; **to have a cough** avoir de la toux
cough *(v)* tousser
count compter
count on compter sur
country pays, campagne
countryside campagne
course ; **of course** bien sûr
cover *(n)* couverture
cover *(v)* couvrir
credit card carte de crédit
crisis crise
cross *(n)* croix
cross *(v)* traverser
cruise croisière
cry pleurer
cup tasse
currency devise
customs douane
cut couper ; **to cut oneself** se couper
cycle path piste cyclable

D

damaged abîmé
damp humide
dance *(n)* danse
dance *(v)* danser
dangerous dangereux
dark foncé ; **dark blue** bleu foncé
date *(n)* date, rendez-vous ; **out of date** périmé ; **what's today's date?** on est le combien ?
date (from) *(v)* dater (de)
date of birth date de naissance
daughter fille
daughter-in-law belle-fille
day jour, journée ; **the day after tomorrow** après-demain ; **the day before yesterday** avant-hier
dead mort
deaf sourd
dear cher

debit card Carte Bleue
December décembre
declare déclarer
deep profond
degree degré
delay retard
delayed retardé
deli traiteur
dentist dentiste
deodorant déodorant
department rayon
department store grand magasin
departure départ
depend: that depends (on) ça dépend (de)
deposit caution
desert désert
dessert dessert
develop ; to get a film developed faire développer une pellicule
diabetes diabète
dialing code *(Am)* indicatif
dialling code *(Br)* indicatif
diaper *(Am)* couche
diarrhea: *(Am)* **to have diarrhea** avoir la diarrhée
diarrhoea: *(Br)* **to have diarrhoea** avoir la diarrhée
dice dé
die mourir
diesel diesel
diet régime ; **to be on a diet** être au régime
different (from) différent (de)
difficult difficile
dinner dîner ; **to have dinner** dîner
direct direct
direction direction, sens ; **to have a good sense of direction** avoir le sens de l'orientation
directory annuaire
directory enquiries *(Br)* les renseignements
dirty *(adj)* sale ; **to get dirty** se salir
dirty *(v)* salir
disabled handicapé
disappointed déçu
disaster catastrophe
disco discothèque
discount rabais ; **to give someone a discount** faire un rabais à quelqu'un
discount fare tarif réduit
dish plat ; **dish of the day** plat du jour
dishes vaisselle ; **to do the dishes** faire la vaisselle
dish towel torchon
dishwasher lave-vaisselle
disinfect désinfecter
disposable jetable
disturb déranger
dive plonger
diving: to go diving faire de la plongée
do faire ; **do you speak French?** vous parlez français ?
doctor docteur, médecin
door porte
door code code d'entrée
downstairs en bas
downtown *(Am)* centre-ville
draught beer pression
dream *(n)* rêve
dream *(v)* rêver
dress: to get dressed s'habiller
dressing pansement, assaisonnement
drink *(n)* boisson, consommation ; **to go for a drink** aller prendre un verre ; **to have a drink** prendre un verre

drink *(v)* boire, consommer
drinking water eau potable
drive *(n)* **: to go for a drive** faire une balade (en voiture)
drive *(v)* conduire
driver's license *(Am)* permis de conduire
driving licence *(Br)* permis de conduire
drops gouttes
drown (se) noyer
drug drogue
drugstore *(Am)* pharmacie
drunk soûl
dry *(adj)* sec
dry *(v)* (faire) sécher
dry cleaner's pressing
duck canard
during pendant ; **during the week** en semaine
dustbin *(Br)* poubelle
Dutch hollandais
duty chemist *(Br)* pharmacie de garde
duty drugstore *(Am)* pharmacie de garde

E

each chaque ; **each one** chacun
ear oreille
early en avance, tôt
earplugs boules Quiès
earrings boucles d'oreilles
Earth la Terre
earth terre
east est ; **in the east** à l'est ; **(to the) east of** à l'est de
Easter Pâques
easy (to) facile (à)
eat manger
economy class classe économique
egg œuf
egg yolk jaune d'œuf
Elastoplast *(Br)* pansement
electric électrique
electricity électricité
electricity meter compteur électrique
electric shaver rasoir électrique
elevator *(Am)* ascenseur
e-mail address adresse électronique
embassy ambassade
emergency urgence ; **in an emergency** en cas d'urgence
emergency exit sortie de secours
empty vide
end fin ; **at the end of** en fin de, à la fin de ; **at the end of the street** au bout de la rue
engaged *(Br)* occupé ; **to be engaged** (couple) être fiancé
engine moteur
England Angleterre
English anglais
enjoy : enjoy your meal! bon appétit ! **to enjoy oneself** s'amuser
enough assez (de) ; **that's enough** ça suffit
entrance entrée
envelope enveloppe
epileptic épileptique
equipment matériel
espresso express
euro euro
Eurocheque eurochèque
Europe Europe
European européen
European Union Union européenne
evening soir, soirée ; **in the evening** dans la soirée ; **in the evenings** le soir
every tout ; **every day** tous les jours
everybody, everyone tout le monde
everywhere partout

except sauf
exceptional exceptionnel
excess excédent
exchange échanger
exchange rate taux de change
excuse *(n)* excuse
excuse *(v)* **: excuse me** pardon, excusez-moi ; **excuse me?** *(Am)* comment ?
exhaust *(Br)* pot d'échappement
exhausted épuisé
exhaust pipe *(Br)* pot d'échappement
exhibition exposition
exit sortie
expensive cher
expiry date date d'expiration
express *(adj)* express
express *(v)* exprimer ; **to express oneself** s'exprimer
expresso express
extra supplémentaire
eye œil

F

face face
facecloth gant de toilette
fact fait ; **in fact** en fait
faint s'évanouir
fair *(n)* foire
fair *(adj)* juste
fall *(n)* *(Am)* automne
fall *(v)* tomber ; **to fall asleep** s'endormir **to fall ill** tomber malade
family famille
family practitioner *(Am)* généraliste
fan ventilateur
far loin ; **far from** loin de
fare tarif
fast vite
fast-food restaurant fast-food
fat gras
father père
faucet *(Am)* robinet
favor *(Am)* service ; **to do someone a favor** rendre un service à quelqu'un
favorite *(Am)* préféré
favour *(Br)* service ; **to do someone a favour** rendre un service à quelqu'un
favourite *(Br)* préféré
fax fax
February février
fed up : to be fed up (with) en avoir marre (de)
feel (se) sentir ; **to feel good/ bad** se sentir bien/mal
feeling sentiment
feet pieds
ferry ferry
festival festival
fetch : to go and fetch someone/ something aller chercher quelqu'un/quelque chose
fever fièvre ; **to have a fever** avoir de la fièvre
few peu (de)
fiancé fiancé
fiancée fiancée
fight bagarre
fill remplir
fill in remplir
filling plombage
fill out remplir
fill up : to fill up with *(Br)* **petrol/** *(Am)* **gas** faire le plein (d'essence)
film pellicule, *(Br)* film
finally enfin, finalement
find trouver
fine *(n)* amende
fine *(adj)* fin ; **I'm fine** ça va
finger doigt

finish finir
fire feu, incendie ; **fire!** au feu !
fire brigade *(Br)* pompiers
fire department *(Am)* pompiers
fireplace cheminée
fireworks feux d'artifice
first premier ; **first (of all)** d'abord
first class première classe
first floor *(Br)* premier étage, *(Am)* rez-de-chaussée
first name prénom
fish *(n)* poisson
fish *(v)* pêcher
fishmonger's *(Br)* poissonnerie
fish shop poissonnerie
fitting room cabine d'essayage
fizzy gazeux
flash flash
flasher *(Am)* clignotant
flashlight *(Am)* lampe de poche
flask gourde
flat *(n)* *(Br)* appartement
flat *(adj)* dégonflé, plat
flavor *(Am)* parfum
flavour *(Br)* parfum
flaw défaut
flight vol
flip-flops *(Br)* tongs
floor étage, sol ; **on the floor** par terre
flu grippe
flush chasse d'eau
fly *(n)* mouche
fly *(v)* voler
folder (pour documents) chemise
food nourriture
food poisoning intoxication alimentaire
foot pied
for pour ; **for an hour** pendant une heure
forbidden interdit
forecast prévoir
forehead front
foreign étranger
foreigner étranger
forest forêt
fork fourchette
former ancien
forward *(adj)* avant ; **forward gear** marche avant
forward *(v)* faire suivre
four-star petrol *(Br)* super
fracture fracture
fragile fragile
France France
free gratuit, libre
freeway *(Am)* autoroute
freezer congélateur
French français
Friday vendredi
fridge *(Br)* Frigidaire
fried frit ; **fried egg** œuf sur le plat
friend ami(e), copain(ine)
fries frites
from (à partir) de ; **from… to…** de … à …
front avant ; **in front of** devant
front wheel roue avant
frozen food surgelés
fry (faire) frire
frying pan poêle
full complet, plein ; **full of** plein de
full board pension complète
full fare, full price plein tarif
funfair fête foraine
fuse *(Br)* fusible
fuze *(Am)* fusible

G

gallery galerie
game jeu

garage garage
garbage *(Am)* ordures ; **to take the garbage out** sortir les poubelles
garbage bag *(Am)* sac poubelle
garbage can *(Am)* poubelle
garden jardin
gas gaz, *(Am)* essence
gas cylinder bouteille de gaz
gas station *(Am)* station-service
gastric flu grippe intestinale
gate porte
gauze gaze
gearbox boîte de vitesses
gel gel
general général
general delivery *(Am)* poste restante
gents' (toilet) *(Br)* toilettes pour hommes
German *(n)* Allemand(e)
German *(adj)* allemand
Germany Allemagne
get recevoir, obtenir
get off descendre
get on : to get on well (with someone) bien s'entendre (avec quelqu'un)
get up se lever
gift wrap papier cadeau
girl fille
girlfriend petite amie
give donner, offrir
give back rendre
glass verre ; **a glass of water/of wine** un verre d'eau/de vin
glasses lunettes
go aller ; **to go to Paris/to France** aller à Paris/en France ; **I'm going home** je rentre chez moi
go away (s'en) aller
go in entrer
go out sortir ; **to go out with someone** sortir avec quelqu'un
go with accompagner
go without se passer de
golf golf
golf course terrain de golf
good bon, bien ; **good luck!** bon courage !, bonne chance ! ; **good morning** bonjour ; **good afternoon** bonjour ; **good evening** bonsoir
goodbye au revoir
goodnight bonne nuit
goods marchandises
GP *(Br)* (= general practitioner) généraliste
grams grammes
grass herbe
gray *(Am)* gris
great super
Great Britain Grande-Bretagne
Greece Grèce
Greek *(n)* Grec (Grècque)
Greek *(adj)* grec
green vert
grey *(Br)* gris
grocer's épicerie
ground sol ; **on the ground** par terre
ground floor *(Br)* rez-de-chaussée
ground meat *(Am)* viande hachée
ground sheet tapis de sol
grow grandir
guarantee garantie
guest invité
guest house chambre d'hôtes
guide guide
guidebook guide
guided tour visite guidée
gynaecologist *(Br)* gynécologue
gynecologist *(Am)* gynécologue

H

hair cheveux

hairdresser coiffeur
hairdrier sèche-cheveux
half demi, moitié ; **half a litre/kilo** un demi-litre/-kilo ; **half an hour** une demi-heure
half-board demi-pension
half-pint : a half-pint *(Br)* un demi
hand main
handbag *(Br)* sac à main
handbrake frein à main
handicapped handicapé
handkerchief mouchoir
hand luggage bagages à main
hand-made fait main
hangover gueule de bois
happen arriver
happy heureux ; **happy birthday!** bon anniversaire ! ; **Happy Easter!** joyeuses Pâques ! ; **Happy New Year!** bonne année !
hard dur
hashish haschich
hat chapeau
hate détester
have avoir ; **to have a headache/a sore throat/a sore stomach** avoir mal à la tête/à la gorge/au ventre
have to devoir
hay fever rhume des foins
he il
head tête
headlight phare
health santé
hear entendre
heart cœur
heart attack crise cardiaque
heat chaleur
heating chauffage
heavy lourd
hello bonjour, bonsoir, allô
helmet casque
help *(n)* aide, secours ; **to call for help** appeler au secours ; **help!** au secours !
help *(v)* aider
her la, lui, son, sa, ses
herbal tea tisane
here ici ; **here is/are** voici
hers le sien, la sienne, les siens, les siennes
hi! salut !
hi-fi chaîne (hi-fi)
high haut
high blood pressure hypertension
high-heeled shoes, high heels chaussures à talons
high-rise *(Am)* tour
high school *(Am)* lycée
high tide marée haute
hiking randonnée ; **to go hiking** faire de la randonnée
hill colline
hill-walking randonnée ; **to go hillwalking** faire de la randonnée
him le, lui
himself lui-même
hip hanche
hire *(n)* *(Br)* location
hire *(v)* *(Br)* louer
his son, sa, ses, le sien, la sienne, les siens, les siennes
hitchhike faire du stop
hitchhiking stop
hit on *(Am)* draguer
hold tenir ; **hold on** (au téléphone) ne quittez pas
holiday(s) *(Br)* vacances ; **on holiday** en vacances
holiday camp *(Br)* colonie de vacances
Holland Hollande
home maison ; **at home** à la maison, chez soi ; **to go home** rentrer

homosexual homosexuel
honest honnête
honeymoon lune de miel
horse cheval
hospital hôpital
hot chaud ; **it's hot** il fait chaud ; **hot drinks** boissons chaudes
hot chocolate chocolat chaud
hotel hôtel
hotplate plaque électrique
hour heure ; **an hour and a half** une heure et demie
house maison
housework ménage ; **to do the housework** faire le ménage
how comment ; **how are you?** ça va ?, comment allez-vous ?
humor *(Am)* humour ; **to have a good sense of humor** avoir le sens de l'humour
humour *(Br)* humour ; **to have a good sense of humour** avoir le sens de l'humour
hunger faim
hungry : to be hungry avoir faim
hurry *(n)* ; **to be in a hurry** être pressé
hurry (up) *(v)* se dépêcher
hurt faire mal à ; **my head hurts** j'ai mal à la tête
husband mari
hybrid (vélo) VTC

I

I je ; **I'm French** je suis Français ; **I'm 22 (years old)** j'ai 22 ans
ice glace
ice cube glaçon
identity card carte d'identité
identity papers papiers d'identité
if si ; **if ever** si jamais
ill malade
illness maladie
important important
in dans, en ; **in France/1995/English** en France/1995/anglais ; **in the 19th century** au XIXe siècle ; **in an hour** dans une heure
included compris
independent indépendant
indicator *(Br)* clignotant
infection infection
information renseignements, informations, *(Am)* (au téléphone) ; les renseignements
injection piqûre
injured blessé
inner tube chambre à air
insect insecte
insecticide insecticide
inside à l'intérieur, dedans
insomnia insomnie
instant coffee Nescafé
instead of au lieu de
insurance assurance
intend : to intend to avoir l'intention de
intermission entracte
international international
international money order mandat international
Internet Internet
Internet café café Internet
interval entracte
invite inviter
iron *(n)* fer à repasser
iron *(v)* repasser
island île
it ce, il ; **it's beautiful** c'est beau ; **it's warm** il fait chaud
Italian *(n)* Italien(enne)

Italian *(adj)* italien
Italy Italie
itchy: it's itchy ça me démange
item article

J

jacket blouson, veste
January janvier
Japan Japon
Japanese japonais
jetlag décalage (horaire)
jeweller's *(Br)* bijouterie
jewellery *(Br)* bijoux
jewelry *(Am)* bijoux
jewelry shop *(Am)* bijouterie
job boulot
jogging jogging
journey voyage
jug carafe
juice jus
July juillet
jumper *(Br)* pull
June juin
just: just before/a little juste avant/un peu ; **just one** un seul ; **I've just arrived** je viens d'arriver ; **just in case** au cas où

K

kayak kayak
keep garder
key clé
kidney rein, rognon
kill tuer
kilometer *(Am)* kilomètre
kilometre *(Br)* kilomètre
kind: what kind of...? quel genre de... ?
kiss *(n)* bise
kiss *(v)* embrasser
kitchen cuisine
Kleenex Kleenex
knee genou
knife couteau
knock down renverser ; **to get knocked down** se faire renverser
knock over renverser ; **to get knocked over** se faire renverser
know connaître, savoir

L

ladies' room *(Am)* toilettes pour femmes
ladies' (toilet) *(Br)* toilettes pour femmes
lake lac
lamp lampe
landmark point de repère
landscape paysage
language langue
laptop (ordinateur) portable
last *(adj)* dernier ; **last year** l'année dernière
last *(v)* durer
late en retard, tard
late-night opening nocturne
latte café crème
laugh rigoler, rire
launderette *(Br)* laverie
Laundromat *(Am)* laverie
lawyer avocat
leaflet dépliant
leak fuite
learn apprendre
least: the least le/la moins ; **at least** au moins
leave partir, laisser

left gauche ; **to the left (of)** à gauche (de)
left-luggage office *(Br)* consigne
leg jambe
lend prêter
lens objectif
lenses lentilles
less moins ; **less than** moins que
let laisser
letter lettre
letterbox boîte aux lettres
license number *(Am)* numéro d'immatriculation
lie down se coucher
life vie
lift *(Br)* ascenseur
light *(n)* lumière ; **have you got a light?** vous avez du feu ?
light *(adj)* clair, léger ; **light blue** bleu clair
light *(v)* allumer
light bulb ampoule
lighter briquet
lighthouse phare
like *(adv)* comme
like *(v)* aimer ; **I'd like…** j'aimerais …
line ligne, *(Am)* queue
lip lèvre
listen écouter ; **to listen to someone/something** écouter quelqu'un/quelque chose
listings magazine guide des spectacles
liter *(Am)* litre
litre *(Br)* litre
little *(adj)* petit
little *(adv)* peu de ; **a little** un peu ; **little by little** petit à petit
live habiter, vivre
liver foie
living vivant
living room salon
local time heure locale
lock serrure, verrou
long long ; **a long time** longtemps **how long…?** combien de temps… ? **how long have you been here?** depuis quand êtes-vous ici ?
look regarder ; **to look tired** avoir l'air fatigué
look after surveiller, s'occuper de
look at regarder
look for chercher
look like ressembler à
lorry *(Br)* camion
lose perdre ; **to get lost** se perdre ; **to be lost** être perdu
lot: a lot (of) beaucoup (de)
loud fort
low bas
low blood pressure hypotension
low tide marée basse
luck chance
lucky: to be lucky avoir de la chance
luggage bagages
lukewarm tiède
lunch déjeuner ; **to have lunch** déjeuner
lung poumon
luxury de luxe

M

magazine magazine, revue
maiden name nom de jeune fille
mail courrier
mailbox *(Am)* boîte aux lettres
mailman *(Am)* facteur
main principal
main course plat de résistance
make faire, fabriquer
man homme

manage se débrouiller ; **to manage to do something** arriver à faire quelque chose
management direction
many beaucoup (de) ; **how many?** combien ? ; **how many times...?** combien de fois ... ?
map plan
March mars
market marché
marriage mariage
married marié
mass messe
match allumette, match
material tissu
matter: it doesn't matter ça ne fait rien, ce n'est pas grave
mattress matelas
May mai
maybe peut-être
me me, moi ; **me too** moi aussi
meal repas
mean vouloir dire, signifier
medicine médicament
medium moyen, à point
meet rejoindre, rencontrer
meeting réunion
member membre
memory souvenir ; **in memory of** en souvenir de
men hommes
men's room *(Am)* toilettes pour hommes
menu carte, menu
Merry Christmas! joyeux Noël !
message message
meter *(Am)* mètre
metre *(Br)* mètre
microwave micro-ondes
midday midi
middle milieu ; **in the middle (of)** au milieu (de)
midnight minuit
might: it might rain il risque de pleuvoir
mill moulin
mind: I don't mind ça m'est égal
mine le mien, la mienne, les miens, les miennes
mineral water eau minérale
minute minute ; **at the last minute** au dernier moment
mirror glace
Miss Mademoiselle
miss rater, manquer ; **I miss him** il me manque ; **there are two... missing** il manque deux ...
mistake erreur, faute ; **to make a mistake** se tromper
mobile (phone) *(Br)* téléphone portable
modern moderne
moisturizer crème hydratante
moisturizing lotion lait hydratant
moment moment ; **at the moment** en ce moment ; **for the moment** pour le moment ; **just a moment!** un moment !
monastery monastère
Monday lundi
money argent
month mois
monument monument
moon lune
moped Mobylette
more plus ; **more than** plus que ; **much more, a lot more** beaucoup plus ; **there's no more room** il n'y a plus de place
morning matin
morning-after pill pilule du lendemain

mosque mosquée
mosquito moustique
most: the most le/la plus ; **most people** la plupart des gens ; **to make the most of** profiter de
mother mère
motorbike *(Br)* moto
motorcycle moto
motorway *(Br)* autoroute
mountain montagne
mountain bike VTT
mountain hut refuge de montagne
mouse souris
mouth bouche
movie film ; **to go to the movies** aller au cinéma
movie theater *(Am)* cinéma
Mr Monsieur
Mrs Madame
much: how much? combien ? ; **how much is it?** combien ça coûte ?
muscle muscle
museum musée
music musique
mussels moules
must devoir ; **it must be five o'clock** il doit être 5h ; **I must go** il faut que j'y aille
mustard moutarde
my mon, ma, mes
myself moi-même

N

nail ongle, clou
naked nu
name nom ; **my name is…** je m'appelle…
nap sieste ; **to have a nap** faire la sieste
napkin serviette
nappy *(Br)* couche
national holiday fête nationale
nature nature
near près, proche ; **near the beach** près de la plage ; **the nearest** le/ la plus proche
necessary nécessaire
neck cou
need avoir besoin de
negative négatif
neighbor *(Am)* voisin
neighbour *(Br)* voisin
neither: neither do I moi non plus ; **neither… nor…** ni … ni …
nephew neveu
Netherlands Pays-Bas
never ne … jamais
new neuf, nouveau
news informations
newsagent *(Br)* marchand de journaux
newsdealer *(Am)* marchand de journaux
newspaper journal
newsstand kiosque à journaux
New Year Nouvel An
next *(adj)* prochain, suivant
next *(adv)* ensuite ; **next to** à côté de
nice sympa, agréable
niece nièce
night nuit
nightclub boîte de nuit
nightdress chemise de nuit
no non, aucun ; **no, thank you** non merci ; **no idea** aucune idée
nobody personne
noise bruit ; **to make a noise** faire du bruit
noisy bruyant
non-drinking water eau non potable
none aucun
non-smoker non-fumeur
noon midi

north nord ; **in the north** au nord ; **(to the) north of** au nord de
North Sea mer du Nord
nose nez
not ne … pas ; **not yet** pas encore ; **not any** aucun ; **not at all** pas du tout
note mot
notebook cahier
nothing ne … rien
novel roman
November novembre
now maintenant
nowadays de nos jours
nowhere nulle part
number nombre, numéro
nurse infirmière

O

obvious évident
ocean océan
o'clock: three o'clock 3h
October octobre
of de
offer offrir
often souvent
oil huile
ointment pommade
OK d'accord, ok
old ancien, vieux ; **how old are you?** quel âge as-tu ? ; **old people** les personnes âgées
old town vieille ville
on sur ; **it's on at…** ça joue à …
once une fois ; **once a day/an hour** une fois par jour/heure
one un, on
one-way (ticket) *(Am)* aller (simple)
only ne … que, seulement
open *(adj)* ouvert
open *(v)* ouvrir
operate opérer
operation: to have an operation se faire opérer
opinion: in my opinion à mon avis
opportunity occasion
opposite *(n)* contraire
opposite *(prép)* en face de
optician opticien
or ou
orange orange
orchestra orchestre
order *(n)* commande ; **out of order** hors service
order *(v)* commander
organic bio
organize organiser
other autre ; **others** d'autres
otherwise sinon
our notre, nos
ours le nôtre, la nôtre, les nôtres
outside en plein air, dehors
outward journey aller
oven four
over: over there là-bas
overdone trop cuit
overweight: my luggage was fifteen kilos overweight j'avais un excédent de bagages de 15 kilos
owe devoir
own *(adj)* propre
own *(v)* posséder
owner propriétaire

P

pack *(n)* paquet
pack *(v)***: to pack one's bags** faire ses valises
package holiday voyage organisé
packed bondé
packet paque

painkiller analgésique
painting peinture, tableau
pair paire ; **a pair of pyjamas** un pyjama **a pair of shorts** un short
palace palais
panties *(Am)* slip
pantihose *(Am)* collants
pants *(Br)* culotte, slip, *(Am)* pantalon
paper papier
paper napkin serviette en papier
parcel colis
pardon? *(Br)* comment ?
parents parents
park *(n)* parc
park *(v)* se garer
parking lot *(Am)* parking
parking space place de parking
part partie ; **to be a part of** faire partie de
party soirée, fête
pass *(n)* forfait
pass *(v)* passer ; **to be passing through** être de passage
passenger passager
passport passeport
past passé *(Br)* ; **a quarter past ten** dix heures et quart
path chemin, sentier
pay payer
pedestrian piéton
pedestrianized street rue piétonne
pee faire pipi
peel peler
pen stylo
pencil crayon
people les gens
percent pour cent
perfect parfait
perfume parfum
perhaps peut-être
period règles
person personne
personal stereo Walkman
petrol *(Br)* essence
petrol station *(Br)* station-service
phone *(n)* téléphone
phone *(v)* téléphoner (à)
phone booth cabine téléphonique
phone box *(Br)* cabine téléphonique
phone call coup de téléphone ; **to make a phone call** passer un coup de téléphone
phonecard carte de téléphone
phone number numéro de téléphone
photo photo ; **to take a photo/photos** prendre une/des photo(s) ; **to take someone's photo** prendre quelqu'un en photo
photocopy photocopie ; **to make a photocopy** faire une photocopie
picnic pique-nique ; **to have a picnic** pique-niquer
pie tarte, tourte
piece morceau ; **a piece of** un morceau de ; **a piece of advice** un conseil ; **a piece of fruit** un fruit
piles hémorroïdes
pill pilule ; **to be on the pill** prendre la pilule
pillow oreiller
pillowcase taie d'oreiller
PIN (number) code confidentiel
pink rose
pity: it's a pity c'est dommage
place lieu
plan prévoir
plane avion
plant plante
plaster (cast) plâtre
plastic plastique
plastic bag sac plastique
plate assiette

platform quai
play *(n)* pièce de théâtre
play *(v)* jouer
please *(v)* plaire
please *(adv)* s'il te/vous plaît
pleased content ; **pleased to meet you!** enchanté !
pleasure plaisir
plug prise
plug in brancher
plumber plombier
point point
police police
policeman policier
police officer policier
police station commissariat
poor pauvre
port port
Portugal Portugal
Portuguese portugais
possible possible
post poste, *(Br)* (lettres) ; courrier
postbox *(Br)* boîte aux lettres
postcard carte postale
postcode *(Br)* code postal
poster affiche
poste restante *(Br)* poste restante
postman *(Br)* facteur
post office bureau de poste
pot pot
pound livre (sterling), fourrière
powder poudre
practical pratique
prefer préférer
pregnant enceinte
premium gas *(Am)* super
prepare préparer
present cadeau
press appuyer
pressure pression
preview *(Am)* bande-annonce
previous précédent
price prix, tarif
private privé
probably probablement
problem problème
procession procession
product produit
profession profession
program *(Am)* émission, programme
programme *(Br)* émission, programme
promise promettre
propose proposer
protect protéger ; **to protect oneself** se protéger
proud (of) fier (de)
public public
public holiday jour férié
pull tirer
purple violet
purpose : on purpose exprès
purse *(Br)* porte-monnaie, *(Am)* sac à main
push pousser
pushchair *(Br)* poussette
put mettre
put out éteindre
put up héberger
put up with supporter

Q

Q-tip *(Am)* coton-tige
quality qualité ; **of good/ bad quality** de bonne/ mauvaise qualité
quarter quart ; **a quarter of an hour** un quart d'heure ; **a quarter to ten** dix heures moins le quart
quay quai
question question
queue *(n)* *(Br)* queue
queue *(v)* *(Br)* faire la queue

quick rapide
quickly vite, rapidement
quiet calme, tranquille
quite assez de ; **quite a lot of** pas mal de

R

racket raquette
radiator radiateur
radio radio
rain *(n)* pluie
rain *(v)* : **it's raining** il pleut
raincoat imperméable
random : at random au hasard
rape viol
rare rare, saignant *(viande)*
rarely rarement
rather plutôt
raw cru
razor rasoir
razor blade lame de rasoir
reach arriver à
read lire
ready prêt
receipt reçu, ticket de caisse
receive recevoir
reception accueil, réception ; **at reception** à la réception
receptionist réceptionniste
recipe recette
recognize reconnaître
recommend recommander
record *(n)* disque
record *(v)* enregistrer
record dealer disquaire
red rouge, roux
red light feu rouge
red wine vin rouge
reduce diminuer
reduction réduction
refrigerator réfrigérateur
refund *(n)* remboursement ; **to get a refund** se faire rembourser
refund *(v)* rembourser
refuse refuser
registered en recommandé
registration number *(Br)* numéro d'immatriculation
remember se rappeler, se souvenir (de)
remind rappeler ; **that reminds me of…** ça me rappelle …
remove enlever
rent *(n)* loyer
rent *(v)* louer
rental location
reopen rouvrir
repair réparer ; **to get something repaired** faire réparer quelque chose
repeat répéter
reserve réserver
reserved réservé
rest *(n)* : **the rest** le reste
rest *(v)* se reposer
restaurant restaurant
rest room *(Am)* toilettes
return retour
return ticket *(Br)* aller-retour
reverse-charge call *(Br)* PCV
reverse gear marche arrière
rheumatism rhumatismes
rib côte
right *(n)* droit, droite ; **to have the right to…** avoir le droit de … ; **to the right (of)** à droite (de)
right *(adj)* bon
right *(adv)* : **right away** tout de suite ; **right beside** tout près de
ring bague
ripe mûr

rip-off arnaque
risk risque
river fleuve, rivière
road route
road sign panneau
rock rocher
rollerblades rollers
room chambre, pièce, salle
rosé wine vin rosé
round tournée
roundabout *(Br)* rond-point
round-trip (ticket) *(Am)* aller-retour
rubbing alcohol *(Am)* alcool à 90°
rubbish *(Br)* ordures ; **to take the rubbish out** sortir les poubelles
rucksack *(Br)* sac à dos
rug tapis
ruins ruines ; **in ruins** en ruines
run out: to have run out of *(Br)* **petrol/** *(Am)* **gas** être en panne d'essence

S

sad triste
safe en sécurité
safety sécurité
safety belt ceinture de sécurité
sail voile
sailing voile: **to go sailing** faire de la voile
sale ; **for sale** à vendre ; **in the sale** *(Br)* en solde ; **on sale** *(Am)* en solde
sales soldes
salesclerk *(Am)* vendeur(euse)
sales tax *(Am)* TVA
salt sel
salted salé
salty salé
same *(adj)* même
same *(pronom)*: **the same** le même, la même, les mêmes
sand sable
sandals sandales
sanitary towel serviette hygiénique
Saturday samedi
saucepan casserole
save gagner, sauvegarder
say dire ; **how do you say... ?** comment dit-on ... ?
scared: to be scared (of) avoir peur (de)
scenery paysage
scissors ciseaux
scoop: one/two scoop(s) une/ deux boule(s) (de glace)
scooter scooter
scotch (whisky) scotch
Scotch tape *(Am)* Scotch
scuba diving plongée sous-marine
sea mer
seafood fruits de mer
seasick: to be seasick avoir le mal de mer
seaside: at the seaside au bord de la mer
seaside resort station balnéaire
season saison
seat place
sea view vue sur mer
seaweed algues
second seconde
second class deuxième classe
second-hand d'occasion
secure en sécurité
security sécurité
see voir ; **see you later!** à plus tard !, à tout à l'heure ! ; **see you soon!** à une prochaine !, à bientôt ! ; **see you tomorrow!** à demain !

Dictionnaire ANG-FR

seem paraître ; **it seems that…** il paraît que …
seldom pas souvent
self-confidence confiance en soi
sell vendre
Sellotape *(Br)* Scotch
send envoyer
sender expéditeur (-trice)
sense sens
sensitive sensible
sentence phrase
separate séparer
separately séparément
September septembre
serious grave, sérieux
several plusieurs
sex sexe
shade ombre ; **in the shade** à l'ombre
shame honte
shampoo shampooing
shape forme
share partager
shave se raser
shaving cream crème à raser
shaving foam mousse à raser
she elle
sheet drap, feuille
shellfish crustacés
shirt chemise
shock choc
shocking choquant
shoes chaussures
shop *(Br)* boutique, magasin
shop assistant *(Br)* vendeur(euse)
shopkeeper *(Br)* marchand
shopping shopping, courses ; **to do some/ the shopping** faire des/ les courses
shopping centre *(Br)* centre commercial
shopping mall *(Am)* centre commercial
short court ; **I'm two… short** il me manque deux …
short cut raccourci
shorts short
short-sleeved en/ à manches courtes
shoulder épaule
show *(n)* spectacle
show *(v)* montrer
shower douche ; **to take a shower** prendre une douche
shower gel gel douche
shut fermer
shuttle navette
shy timide
sick : to feel sick avoir mal au cœur
side côté
sign *(n)* panneau
sign *(v)* signer
signal réception
sign up s'inscrire
silent muet
silver argent
silver-plated plaqué argent
since depuis (que), puisque
sing chanter
single célibataire
single (ticket) *(Br)* aller (simple)
sister sœur
sit down s'asseoir
size taille, pointure
ski ski
ski boots chaussures de ski
skiing ski ; **to go skiing** faire du ski
ski lift remontée mécanique
skin peau
ski pole bâton de ski

ski resort station de ski
skirt jupe
sky ciel
sleep *(n)* sommeil
sleep *(v)* dormir ; **to sleep with** coucher avec
sleeping bag sac de couchage
sleeping pill somnifère
sleepy : to be sleepy avoir sommeil
sleeve manche
slice tranche
sliced coupé en tranches
slide diapositive
slow lent
slowly doucement, lentement
small petit ; **smaller than** plus petit que
smell *(n)* odeur
smell *(v)* sentir ; **to smell good/ bad** sentir bon/ mauvais
smile *(n)* sourire
smile *(v)* sourire
smoke fumer
smoker fumeur
snack casse-croûte
snow *(n)* neige
snow *(v)* neiger
so si, alors ; **so that** pour que
soap savon
soccer football
society société
socks chaussettes
some *(adj)* quelques
some *(pronom)* quelques-uns
somebody quelqu'un
someone quelqu'un
something quelque chose ; **something else** autre chose
sometimes quelquefois
somewhere quelque part ; **somewhere else** ailleurs
son fils
song chanson
soon bientôt
sore : to have a sore throat avoir une angine ; **to have a sore head** avoir mal à la tête
sorry désolé ; **sorry!** pardon !
south sud ; **in the south** au sud ; **(to the) south of** au sud de
souvenir souvenir
Spain Espagne
Spanish espagnol
spare : spare… … de rechange
spare part pièce de rechange
spare tire *(Am)* roue de secours
spare tyre *(Br)* roue de secours
spare wheel roue de secours
sparkling water eau gazeuse
spark plug bougie
speak parler
special spécial ; **it's nothing special** ça n'a rien d'exceptionnel ; **by special delivery** en exprès; ; **today's special** plat du jour
speciality *(Br)* spécialité
specialty *(Am)* spécialité
speed vitesse ; **at full speed** à toute vitesse
spell épeler
spend dépenser, passer
spice épice
spicy épicé
spider araignée
splinter écharde
split up se séparer
spoil gâter
sponge éponge

spoon cuillère
sport sport
sports ground terrain de sports
sporty sportif
spot emplacement, bouton ; **on the spot** sur place
sprain : to sprain one's ankle se fouler la cheville
spring printemps
square place
stadium stade
stain tache
stained-glass windows vitraux
stairs escalier
stamp timbre
stand *(n)* stand
stand *(v)* **: to stand in line** *(Am)* faire la queue
start commencer
state état ; **the State** l'État
statement déclaration
station gare
stay *(n)* séjour
stay *(v)* rester ; **to stay in touch** rester en contact
steal voler
step marche
sticking plaster *(Br)* sparadrap
still encore, toujours
still water eau plate
sting *(n)* piqûre
sting *(v)* piquer ; **to get stung (by)** se faire piquer (par)
stock ; **out of stock** épuisé
stomach estomac, ventre
stone pierre
stop *(n)* arrêt
stop *(v)* (s')arrêter
stopcock robinet d'arrêt
store *(Am)* boutique, magasin
storekeeper *(Am)* marchand
storm orage, tempête
story histoire
straight ; **straight ahead, straight on** tout droit
strange bizarre
street rue
streetcar *(Am)* tramway
stroller *(Am)* poussette
strong fort
stuck bloqué, coincé
student étudiant(e)
studies études
study étudier ; **to study biology** faire des études de biologie
subtitled sous-titré
suburb banlieue
subway *(Am)* métro
subway line *(Am)* ligne de métro
subway station *(Am)* station de métro
suffer souffrir
suggest proposer
suit : does that suit you? ça vous va ? ; **that suits you** ça vous va bien
suitcase valise
summer été
summer camp *(Am)* colonie de vacances
summit sommet
sun soleil ; **in the sun** au soleil
sunbathe bronzer
sunburnt : to get sunburnt prendre un coup de soleil
sun cream crème solaire
Sunday dimanche
sunglasses lunettes de soleil
sunhat chapeau de soleil
sunrise lever du soleil

sunset coucher du soleil
sunstroke insolation ; **to get sunstroke** attraper une insolation
supermarket supermarché
supplement supplément
sure sûr
surf faire du surf, surfer
surfboard planche de surf
surfing surf ; **to go surfing** faire du surf
surgical spirit *(Br)* alcool à 90°
surname nom de famille
surprise *(n)* surprise
surprise *(v)* étonner
sweat transpirer
sweater pull
sweet *(n)* *(Br)* bonbon
sweet *(adj)* sucré
swim *(n)* **: to go for a swim** se baigner
swim *(v)* nager
swimming natation
swimming pool piscine
swimming trunks slip de bain
swimsuit maillot de bain
switch off éteindre
switch on allumer
switchboard operator standardiste
swollen enflé
syrup sirop

T

table table
tablespoon cuillère à soupe
tablet comprimé
tail pipe *(Am)* pot d'échappement
take prendre, emmener, emporter ; **it takes two hours** ça prend 2 heures
takeaway *(Br)* à emporter
take off (avion) décoller
takeout *(Am)* à emporter
talk parler
tall grand
tampon tampon
tan bronzer
tanned bronzé
tap *(Br)* robinet
taste *(n)* goût
taste *(v)* goûter
tax taxe
tax-free hors taxes
taxi taxi
taxi driver chauffeur de taxi
T-bar tire-fesses
team équipe
teaspoon cuillère à café
teenager adolescent
teeth dents
telephone *(n)* téléphone
telephone *(v)* téléphoner (à)
telephone directory annuaire (téléphonique)
television télévision
tell raconter
tell off engueuler
temperature température ; **to take one's temperature** prendre sa température
temple temple
temporary temporaire
tennis tennis
tennis court terrain de tennis
tennis shoe tennis
tent tente
tent peg sardine
terminal terminal
terrace terrasse
terrible terrible
thank remercier ; **thank you** merci **thank you very much** merci beaucoup
thanks merci ; **thanks to** grâce à

that cela, ça, ce, cette, que ; **that one** celui-là, celle-là
the le, la, les
theater *(Am)* théâtre
theatre *(Br)* théâtre
theft vol
their leur, leurs
theirs le leur, la leur, les leurs
them les, eux, leur
theme park parc d'attractions
then alors, ensuite
there y, là ; **there is** il y a ; **there are** il y a ; **there is a castle** il y a un château **there are two museums** il y a deux musées
therefore donc
thermometer thermomètre
Thermos bottle *(Am)* thermos
Thermos flask *(Br)* thermos
these ces ; **these ones** ceux-ci
they ils, elles ; **they say that…** on dit que…
thief voleur
thigh cuisse
thin maigre
thing chose ; **things** affaires
think penser, croire, réfléchir
think about penser à
thirst soif
thirsty : to be thirsty avoir soif
this ce, cette, ça ; **this one** celui-ci, celle-ci ; **this evening** ce soir ; **this is…** je te présente …
thongs *(Am)* tongs
those ces ; **those ones** ceux-là, celles-là
throat gorge
throw jeter
throw out jeter, mettre à la poubelle
Thursday jeudi
ticket billet, ticket
ticket office billetterie
tidy ranger
tie cravate
tight serré
tights *(Br)* collants
time temps, fois ; **what time is it?** quelle heure est-il ? ; **from time to time** de temps en temps ; **to have (the) time to…** avoir le temps de … ; **on time** à l'heure ; **three/ four times** trois/ quatre fois
time difference décalage (horaire)
timetable horaires
tinfoil papier alu
tip pourboire
tire *(Am)* pneu
tired fatigué
tobacco tabac
tobacconist's *(Br)* bureau de tabac
tobacco store *(Am)* bureau de tabac
today aujourd'hui
together ensemble
toilet *(Br)* toilettes, WC
toilet bag trousse de toilette
toilet paper papier toilette
toiletries affaires de toilette
toll péage
tomorrow demain ; **tomorrow evening** demain soir
tongue langue
tonight ce soir
too aussi, trop ; **too bad** tant pis ; **too many** trop de ; **too much** trop de
tooth dent
toothbrush brosse à dents
toothpaste dentifrice
top haut ; **at the top** en haut
torch *(Br)* lampe de poche
touch toucher

tourist touriste
tourist office office du tourisme
tourist trap attrape-touristes
towards vers
towel serviette
town ville
town centre *(Br)* centre-ville
town hall *(Br)* hôtel de ville, mairie
toy jouet
traditional traditionnel, folklorique
traffic circulation
traffic circle *(Am)* rond-point
traffic jam bouchon, embouteillage
trailer *(Br)* bande-annonce
train train ; **the train to Leeds** le train en direction de Leeds
train station gare
tram *(Br)* tramway
transfer virement *(bancaire)*
translate traduire
travel voyager ; **to travel alone** voyager seul
travel agency agence de voyages
traveller's cheque traveller's cheque, chèque de voyage
trip voyage, excursion ; **have a good trip!** bon voyage !
trolley *(Br)* Caddie
trouble : to have trouble doing something avoir du mal à faire quelque chose
trousers *(Br)* pantalon
truck *(Am)* camion
true vrai
trunk *(Am)* coffre
try essayer ; **to try to do something** essayer de faire quelque chose
try on essayer
Tuesday mardi
tube *(Br)* métro
tube station *(Br)* station de métro
Tupperware tupperware
turn *(n)* **: it's your turn** c'est ton tour
turn *(v)* tourner
twice deux fois
type *(n)* type
type *(v)* taper
typical typique
tyre *(Br)* pneu

U

umbrella parapluie
uncle oncle
uncomfortable : to feel uncomfortable être mal à l'aise
under sous
underground *(Br)* métro
underground line *(Br)* ligne de métro
underground station *(Br)* station de métro
underneath dessous
understand comprendre
underwear sous-vêtements
United Kingdom Royaume-Uni
United States États-Unis
until jusqu'à
upset vexé
upstairs en haut, là-haut
urgent urgent
us nous
use se servir de, utiliser ; **to be used for** servir à ; **I'm used to it** j'ai l'habitude **I'm not used to eating so early** je n'ai pas l'habitude de manger aussi tôt
useful utile
useless inutile
usually d'habitude
U-turn demi-tour

V

vacation *(Am)* vacances ; **on vacation** en vacances
vaccinated (against) vacciné (contre)
valid en cours de validité ; **valid for** valable pour
valley vallée
VAT *(Br)* TVA
vegetarian végétarien
very très
view vue
villa villa
village village
visa visa
visit *(n)* visite
visit *(v)* visiter, rendre visite à
volleyball volley(-ball)
vomit vomir

W

waist taille
wait attendre ; **to wait for someone/something** attendre quelqu'un/quelque chose
waiter serveur
waitress serveuse
wake up (se) réveiller
walk *(n)* **: to go for a walk** aller se promener, se balader
walk *(v)* marcher, se promener ; **to go walking** faire de la marche
walking boots chaussures de marche
wallet *(Br)* portefeuille
want vouloir ; **to want to do something** avoir envie de faire quelque chose
warm chaud, chaleureux
warn prévenir
wash *(n)* **: to have a wash** se laver
wash laver ; **to wash one's hair** se laver les cheveux
washbasin *(Br)* lavabo
washbowl *(Am)* lavabo
washing: to do the washing faire la lessive
washing machine machine à laver
washing powder lessive
washing-up liquid liquide vaisselle
wasp guêpe
waste gâcher ; **to waste time** perdre du temps
watch *(n)* montre
watch *(v)* regarder ; **watch out!** attention !
water eau
water heater chauffe-eau
waterproof imperméable
waterproof jacket K-way
waterskiing ski nautique
wave vague
way chemin, façon, manière
way in entrée
way out sortie
we nous
weak faible
wear porter
weather temps ; **the weather's bad** il fait mauvais
weather forecast prévisions météo
website site Internet
Wednesday mercredi
week semaine
weekend week-end
welcome bienvenu ; **welcome!** bienvenue ! ; **you're welcome** il n'y a pas de quoi
well bien ; **I'm very well** je vais bien **well done** bien cuit ; **well done!** bravo !
well-known connu

west ouest ; in the west à l'ouest ; (to the) west of à l'ouest de
wet mouillé
wetsuit combinaison de plongée
what qu'est-ce que, quoi ; what do you want? que veux-tu? ; what I liked most ce que j'ai le plus aimé
wheel roue
wheelchair fauteuil roulant
when quand, lorsque
where où ; where is/are…? où est/sont… ? ; where are you from? d'où viens-tu ? ; where are you going? où vas-tu ?
which quel
while pendant que
whisky whisky
white blanc
who qui ; who's calling? qui est à l'appareil ?
whole entier ; the whole cake le gâteau en entier
whose dont
why pourquoi
wide large
wife femme
wild sauvage
wind vent
window fenêtre, vitre ; in the window en vitrine
windscreen *(Br)* pare-brise
windshield *(Am)* pare-brise
windsurfing planche à voile
wine vin
winter hiver
with avec
withdraw retirer
without sans
woman femme
wonderful formidable
wood bois
wool laine
work *(n)* travail
work *(v)* travailler, marcher, fonctionner to work in travailler dans
works travaux
world monde
worry *(n)* souci
worry *(v)* s'inquiéter
worse pire ; to get worse s'aggraver ; it's worse (than) c'est pire (que)
worth ; to be worth valoir ; it's worth it ça vaut la peine ; it's worth… ça vaut …
wound plaie
wrist poignet
write écrire
wrong faux

X

X-rays rayons X

Y

year an, année
yellow jaune
yes oui
yesterday hier ; yesterday evening hier soir
you tu, te, toi, vous
young jeune
your ton, ta, tes, votre, vos
yours le tien, la tienne, les tiens, les tiennes, le vôtre, la vôtre, les vôtres
youth hostel auberge de jeunesse

Z

zero zéro
zip *(Br)* fermeture éclair
zip code *(Am)* code postal
zipper *(Am)* fermeture éclair
zoo zoo
zoom (lens) zoom

FÊTES ET JOURS FÉRIÉS

Jours fériés nationaux

Les jours fériés sont appelés *bank holidays* au Royaume-Uni et *public holidays* aux États-Unis. Ces jours-là, les administrations et les banques sont fermées, ainsi que la plupart des musées, commerces et bureaux .

Royaume-Uni

1er janvier :	**New Year's Day** (jour de l'an)
2 janvier :	lendemain du jour de l'an, en Écosse
17 mars :	**St Patrick's Day,** en Irlande (fête de St Patrick, saint patron de l'Irlande)
mars :	**Good Friday** (Vendredi Saint)
mars ou avril :	**Easter Monday** (lundi de Pâques)
avril :	**Spring holiday**
1er lundi de mai :	**May Day** (le premier mai, fête du travail)
dernier lundi d'août :	**August Bank Holiday**, en Angleterre et au Pays de Galles
25 décembre :	**Christmas Day** (Noël)
26 décembre :	**Boxing Day** (lendemain de Noël)

États-Unis

1er janvier :	**New Year's Day** (jour de l'an)
3e lundi de janvier :	**Martin Luther King's Birthday** (anniversaire de M. L. King)
3e lundi de février :	**President's Day** (en hommage aux présidents Washington et Lincoln)
mars ou avril :	**Easter Monday** (lundi de Pâques)
dernier lundi de mai :	**Memorial Day** (en souvenir des soldats américains morts au combat)
4 juillet :	**Independence Day ou Fourth of July** (fête nationale pour célébrer la Déclaration d'indé-

pendance des États-Unis). Chaque foyer américain arbore un drapeau à l'entrée de sa maison et des feux d'artifice sont tirés.

1er lundi de septembre :	**Labor Day** (fête du travail)
2e lundi d'octobre :	**Columbus Day** (commémoration de la "découverte" de l'Amérique par Christophe Colomb)
11 novembre :	**Veterans' Day** (fête de l'armistice)
dernier jeudi de novembre :	**Thanksgiving (Day)** (commémoration de l'installation des premiers colons en Amérique). Fêté en famille autour de la traditionnelle dinde rôtie à la sauce aux airelles.
25 décembre :	**Christmas Day** (Noël)

Fêtes et festivals

Pour n'en citer que quelques-uns ... :

Royaume-Uni

25 janvier :	**Burns' Night**, en Écosse. À l'occasion de cette fête en l'honneur du poète écossais Robert Burns, on mange du "haggis" (panse de brebis farcie), boit du whisky et déclame des vers de Burns.
mai :	finale de football de la **FA Cup**.
juin :	**Glastonbury Festival.** Gigantesque festival de musique pop en plein air.
fin août :	**Notting Hill Carnival**. Carnaval organisé par la communauté antillaise de Londres, dans le quartier de Brixton.
mi-août à début septembre :	**Edinburgh Festival**. Trois semaines durant, toute la capitale écossaise est investie pour présenter plusieur cen-

taines de spectacles de théâtre, de danse et de musique, notamment dans le cadre du *Fringe Festival* (festival "off").

31 octobre : **Halloween.**

5 novembre : **Guy Fawkes' Night** ou **Bonfire Night**. On y commémore la tentative de Guy Fawkes de faire sauter le Parlement en 1605 par des feux d'artifice et un feu de joie où l'on brûle son effigie.

États-Unis

Les festivités locales sont aussi nombreuses que variées. Certaines grandes villes sont connues pour leurs parades géantes, souvent organisées par l'une de leurs nombreuses communautés (asiatique, irlandaise, mexicaine, japonaise, etc).

fin janvier : le **Super Bowl**, finale itinérante de football américain.

février ou mars : carnaval de **Mardi Gras** à la Nouvelle-Orléans.

mi-février-début mars : le **Chinese New Year** (nouvel an chinois). Parades et feux d'artifice spectaculaires organisés par la communauté asiatique de grandes villes comme San Francisco, Los Angeles et Seattle.

mi-mars : fête de la **St Patrick**, particulièrement suivie à New York, Chicago et San Francisco.

5 mai : le **Cinco de Mayo**, principale fête mexicaine, très suivie à Los Angeles et San Francisco.

fin août-début septembre : le **US Open Tennis Tournament**, l'un des tournois majeurs de tennis.

31 octobre : **Halloween**.

1e dimanche de novembre : le **New York City Marathon**, le marathon le plus populaire du monde.

TABLES DE CONVERSION

Mesures

Officiellement, la Grande-Bretagne a adopté notre système métrique mais le système impérial anglo-saxon est le seul en vigueur aux États-Unis et continue à être utilisé par de nombreux Britanniques.

Longueurs	Distances
1 inch (pouce) ≃ 2,5 cm	**1 yard ≃ 90 cm**
1 foot (pied) ≃ 30 cm	**1 mile ≃ 1,6 km**

Pour convertir des miles en kilomètres, divisez par 5 puis multipliez par 8.

miles	**1**	**2**	**5**	**10**	**20**	**100**
kilomètres	**1,6**	**3,2**	**8**	**16**	**32**	**160**

Pour convertir des kilomètres en miles, divisez par 8 puis multipliez par 5.

kilomètres	**1**	**2**	**5**	**10**	**20**	**100**
miles	**0,6**	**1,25**	**3,1**	**6,25**	**12,50**	**62,5**

Poids

1 oz (once) = 28,35 g

1 lb (livre) ≃ 0,5 kg (454 g)

(Br) 1 stone ≃ 6 kg

Abréviations : *oz* = ounce (once) et *lb* = pound (livre).

Pour convertir des kilos en livres, divisez par 5 puis multipliez par 11.
Pour convertir des livres en kilos, multipliez par 5 puis divisez par 11.

kilos	**1**	**2**	**10**	**20**	**60**	**80**
livres	**2,2**	**4,4**	**22**	**44**	**132**	**176**

Liquides

1 *pint* (pinte) ≃ 0,5 litre (*Br* 0,57 litre, *Am* 0,47 litre)

1 *gallon* = *(Br)* 4,54 litres, *(Am)* 3,78 litres

Températures

Pour convertir des degrés Fahrenheit en degrés Celsius, soustrayez 32, multipliez par 5 puis divisez par 9.

Pour convertir des degrés Celsius en degrés Fahrenheit, divisez par 5, multipliez par 9 puis ajoutez 32.

Fahrenheit (°F)	**32**	**40**	**50**	**59**	**68**	**86**	**100**
Celcius (°C)	**0**	**4**	**10**	**15**	**20**	**30**	**38**

Tailles de vêtements

Vous connaissez déjà sans doute les abréviations *XS* (Extra Small), *S* (Small), *M* (Medium), *L* (Large) et *XL* (Extra Large).

– Vêtements pour femmes

Br	**8**	**10**	**12**	**14**	**16**	**etc**
Europe continentale	**36**	**38**	**40**	**42**	**44**	
Am	**6**	**8**	**10**	**12**	**14**	

– Soutiens-gorge (tailles de bonnet identiques)

Br/Am	**32**	**34**	**36**	**38**	**40**
France	**85**	**90**	**95**	**100**	**105**
reste de l'Europe	**70**	**75**	**80**	**85**	**90**

– Chemises d'hommes (tour de cou)

Br/Am	**14**	**15**	**16**	**17**
Europe continentale	**36**	**38**	**41**	**43**

– Vêtements pour hommes (tailles que vous connaissez sur les jeans)

Br/Am	30	32	34	36	38	40	etc
Europe continentale	40	42	44	46	48	50	

Tailles de chaussures

– Chaussures pour femmes

Br	4	5	6	7	8
Europe continentale	37	38	39	40	42
Am	6	7	8	9	10

– Chaussures pour hommes

Br	7	8	9	10	11
Europe continentale	40	42	43	44	46
Am	8	9	10	11	12

ADRESSE ET NUMÉROS UTILES

En France :

Maison de la Grande-Bretagne

Office du tourisme de Grande-Bretagne

19 rue des Mathurins 75009 Paris

Téléphone : 01 44 51 56 20

Site Internet : http://grandebretagne.net

Visit USA Committee/France

Office du tourisme des États-Unis à Paris

c/o AVA , 24 rue Pierre Sémard 75009 Paris

E-mail : infos@visitusafrance.com

En Belgique :

British Tourist Authority

Avenue Louise, 140, Bruxelles 1050

Téléphone : 02 646 35 10

Visit USA Tourism Center

Office du tourisme pour les États-Unis

PO Box 1, Berchem 3 - B 2600 Berchem

Téléphone : 02 648 43 56

Site Internet (en anglais) : http://www.visitusa.org/

En Suisse :

Office du tourisme britannique

Limmatquai 78, CH-8001 Zurich

Téléphone : 01 261 42 77

Ouvert du lundi au vendredi de 8h30 à 16h30.

Ambassade des États-Unis

Jubiläumstrasse 95, 3005 Berne

Téléphone : (031) 357 73 44

En Grande-Bretagne:

Numéro de téléphone d'urgence : 999.

Renseignements : 192

Aux États-Unis:

Numéro de téléphone d'urgence : 911.

Attention : dans les nombres, on utilise un point en anglais là où en français on utilise une virgule. Par exemple, 0,6 s'écrira 0.6 en anglais.